LA ALEGRIA DE CREAR

GUIA DE ACTIVIDADES MANUALES

Sandra Cabrera Z.
Elena R. de Dueck

EDITORIAL MUNDO HISPANO

EDITORIAL MUNDO HISPANO

Apartado Postal 4256, El Paso, TX 79914 EE. UU. de A.

Agencias de Distribución

ARGENTINA: Rivadavia 3474, 1203 Buenos Aires, Teléfono: (541)863-6745. **BOLIVIA:** Casilla 2516, Santa Cruz, Tel.: (591)-342-7376, Fax: (591)-342-8193. **COLOMBIA:** Apartado Aéreo 55294, Bogotá 2, D.C., Tel.: (57)1-287-8602, Fax: (57)1-287-8992. **COSTA RICA:** Apartado 285, San Pedro Montes de Oca, San José, Tel.: (506)225-4565, Fax: (506)224-3677. **CHILE:** Casilla 1253, Santiago, Tel/Fax: (562)672-2114. **ECUADOR:** Casilla 3236, Guayaquil, Tel.: (593)4-455-311, Fax: (593)4-452-610. **EL SALVADOR:** Apartado 2506, San Salvador, Fax: (503)2-218-157. **ESPAÑA:** Padre Méndez #142-B, 46900 Torrente, Valencia, Tel.: (346)156-3578, Fax: (346)156-3579. **ESTADOS UNIDOS:** 7000 Alabama, El Paso, TX 79904, Tel.: (915)566-9656, Fax: (915)565-9008; 960 Chelsea Street, El Paso TX 79903, Tel.: (915)778-9191; 3725 Montana, El Paso, TX 79903, Tel.: (915)565-6234, Fax: (915)726-8432; 312 N. Azusa Ave., Azusa, CA 91702, Tel.: 1-800-321-6633, Fax: (818)334-5842; 1360 N.W. 88th Ave., Miami, FL 33172, Tel.: (305)592-6136, Fax: (305)592-0087; 8385 N.W. 56th Street, Miami, FL 33166, Tel.: (305)592-2219, Fax: (305)592-3004. **GUATEMALA:** Apartado 1135, Guatemala 01901, Tel: (5022)530-013, Fax: (5022)25225. **HONDURAS:** Apartado 279, Tegucigalpa, Tel. (504)3-814-81, Fax: (504)3-799-09. **MEXICO:** Vizcaínas Ote. 16, Col. Centro, 06080 México, D.F., Tel/Fax: (525)510-3674, 512-4103; Apartado 113-182, 03300 México, D.F., Tels.: (525)762-7247, 532-1210, Fax: 672-4813; Madero 62, Col. Centro, 06000 México, D.F., Tel/Fax: (525)512-9390; Independencia 36-B, Col. Centro, 06050 México, D.F., Tel.: (525)512-0206, Fax: 512-9475; Matamoros 344 Pte., 27000 Torreón, Coahuila, Tel.: (521)712-3180; Hidalgo 713, 44290 Guadalajara, Jalisco, Tel.: (523)510-3674; Félix U. Gómez 302 Nte. Tel.: (528)342-2832, Monterrey, N. L. **NICARAGUA:** Apartado 2340, Managua, Tel/Fax: (505)265-1989. **PANAMA:** Apartado E Balboa, Ancon, Tel.: (507)22-64-64-69, Fax: (507)228-4601. **PARAGUAY:** Casilla 1415, Asunción, Fax: (595)2-121-2952. **PERU:** Apartado 3177, Lima, Tel.: (511)4-24-7812, Fax: (511)440-9958. **PUERTO RICO:** Calle 13 S.O. #824, Capparra Terrace, Tel.: (809)783-7056, Fax: (809)781-7986; Calle San Alejandro 1825, Urb. San Ignacio, Río Piedras, Tel.: (809)764-6175. **REPUBLICA DOMINICANA:** Apartado 880, Santo Domingo, Tel.: (809)565-2282, Fax: (809)565-6944. **URUGUAY:** Casilla 14052, Montevideo 11700, Tel.: (598)2-394-846, Fax: (598)2-350-702. **VENEZUELA:** Apartado 3653, El Trigal 2002 A, Valencia, Edo. Carabobo, Tel/Fax: (584)1-231-725, Celular (581)440-3077.

Ediciones: 1991, 1995
Tercera edición: 1997

Clasificación Decimal Dewey: 745.5

Temas: (1) Trabajos manuales
(2) Artes y artesanías

ISBN: 0-311-26621-5
E.M.H. Art. No. 26621

.750 M 6 97

Printed in U.S.A.

Indice

Prefacio

Durante unos cuantos años he trabajado en el campo de la educación cristiana en el Cono Sur, específicamente en Brasil, Uruguay, Paraguay y Bolivia, y me ha preocupado la carencia de materiales didácticos para ayudar a los maestros en las escuelas y en las iglesias en el área de trabajos manuales. Algunas personas me pedían los libros de los cuales había sacado las ideas y las técnicas que utilizaba en las clases con niños, pero no tenía qué darles; las ideas eran originales. Por esto pensé en la posibilidad de preparar un libro, pero no deseaba hacerlo sin la ayuda de una persona que trabajara directamente en esta rama. Por fin, en Santa Cruz, Bolivia, encontré a una maestra de dibujos y manualidades, Sandra Cabrera Zárate, quien no sólo compartía mi preocupación sino que estaba interesada en el desarrollo creativo de los niños. Juntas soñamos, planeamos y llevamos a cabo este trabajo con la ayuda de la secretaria Angela Opimí Vaca. Ahora presentamos esta *Guía de actividades manuales* con el deseo y la esperanza de que pueda ser útil a los maestros o guías para animar y estimular a los jóvenes y niños a sentir LA ALEGRIA DE CREAR.

Agradecemos a los niños del Colegio Mariscal Sucre, alumnos de la profesora Sandra, por su entusiasmo en la ejecución de muchas de las técnicas ofrecidas en este libro, y a las personas que han leído el manuscrito aportando sus valiosas ideas.

Elena R. de Dueck

I

La importancia de las artes creativas en el desarrollo de los niños

Arte como expresión
Arte como recreación
Aprendizaje por expresión

Desde la antigüedad el ser humano ha dejado sus huellas, su historia, en marcas visibles. Los tesoros arqueológicos nos asombran por su diseño, su expresión y su sentido profundo. Antes que se formara un alfabeto o símbolos para representar palabras, había jeroglíficos en piedras, en tumbas y en utensilios de barro o de metal, que cuentan las experiencias de los antepasados. Joyas, tejidos, esculturas y otros artículos hallados en tumbas, son evidencia de que el hombre ha sido creado para expresarse o crear.

Uno de los temas de la expresión visual de los pueblos ha sido su vida religiosa. El sol, las constelaciones, animales sacros, representaciones de sus dioses, etc., predominan las muestras en los museos y templos antiguos. Los antiguos templos cristianos en el Oriente, en Europa y en América Latina, muestran la historia del pueblo de Dios y la vida de Jesús, especialmente su nacimiento y su muerte, con una variedad de técnicas visuales. Los maestros en las escuelas y en las iglesias pueden ser facilitadores para que este arte continúe.

Un niño descubre sus manos a los pocos meses de nacer, y al entrar en su segundo año ya se da cuenta de que está en su poder el cambiar la forma de las cosas blandas, como su comida o la tierra.

Pronto aprovecha un lápiz o una tiza para marcar paredes o pisos. A veces estas marcas no agradan a las mamás, pero tenemos que admitir que el niño se está expresando. Al principio las rayas no son nada más que muestras visibles de la capacidad del niño de manipular un objeto, pero una vez que pone significado a sus garabatos, ya se está expresando. Este es un paso muy importante. ¿Cómo podemos dirigir esta creatividad para el provecho del desarrollo de los niños? Proveer hojas de papel, lápices de cera o lápices de colores gruesos, o poner una pizarra a su alcance es más positivo que regañarlos después que han marcado la pared. Incluso, una palabra de elogio por su "diseño" les estimula a dibujar más.

A los cuatro años el niño ya hace figuras que representan a sus papás o a sí mismo. El próximo paso es poner rayas para las manos y puntos para los ojos. Pronto su dibujo tiene una casa o un autito. El niño se interesa más por el mundo circundante (lo concreto) que por cosas abstractas, pero hay que dejar que exprese sus sentimientos en la elección de colores y representaciones según su fantasía. Hay unas cuantas técnicas y una variedad de materiales que se prestan para proveer de experiencias muy interesantes a los preescolares.

Al entrar a la escuela, el dibujo y las actividades manuales llegan a tener más importancia educativa al ser empleados como expresión o ilustración de algún tema que se está estudiando. Ya para este tiempo los alumnos pueden realizar trabajos más difíciles por el desarrollo de sus músculos finos, es decir, sus dedos. El niño de edad escolar tiene más paciencia y le gusta terminar bien un proyecto. La interpretación en forma visual muestra la percepción de un concepto nuevo.

A cualquier edad la hora designada para las artes creativas no debe ser un "pasatiempo", sino un tiempo importante en la tarea educativa y recreativa. Aunque sabemos que aprendemos mejor "haciendo" o interpretando que escuchando, el arte no sólo tiene valor didáctico sino que también es de importancia como actividad recreativa. Además, los niños que tienen dificultad de expresarse con palabras pueden manifestar sus sentimientos con más facilidad utilizando las manos si les damos libertad y motivación.

El período de expresión visual debería ser la hora más feliz para todos: maestros y alumnos. Los maestros por poder conocer mejor a los alumnos y apreciar sus dones, los alumnos por poder alegrarse con su creatividad y ganar confianza en sí mismos. No todos los niños (o adultos) tienen las mismas aptitudes artísticas, pero todos pueden hacer algo. Hay que animarlos y buscar la manera de proporcionarles un incentivo para superar sus inhibiciones. Mientras están realizando sus trabajos, habrá tiempo para conversar con los niños acerca de sus expresiones. Como veremos en el próximo capítulo, los dibujos de los niños nos cuentan mucho de su vida.

II

El maestro como facilitador y animador

El maestro de artes creativas es más guía que el que enseña; es la persona que prepara los materiales, que explica cómo utilizar las varias técnicas y, sobre todo, es quien motiva a otros a expresarse con los medios que tiene a su disposición. No es preciso ser un Rembrandt, un Van Gogh, ni un Picasso para inspirar a otros. Saber apreciar el arte visual y poder aceptar la labor de una persona como la expresión de sí misma, vale más que ser un especialista en ciertas técnicas o tener fama en exposiciones.

Cada persona es una parte de la creación que Dios hizo "bien". Cada uno es diferente y tiene dones diferentes. El maestro de artes creativas tiene que saber valorizar a cada uno de sus alumnos, aun a los que no son tan aptos para expresarse visualmente. Siempre hay niños (y adultos) que dicen que no pueden dibujar. Algunos sólo necesitan una palabra de aliento, mientras que otros requieren un poco de ayuda práctica para empezar. Mostrando a un niño que se puede formar la figura de un conejito con unas marcas ovaladas (una para el cuerpo, otra para la cabeza y otras para la cola, las orejas y las patas), le ayuda a empezar con algo factible. Empezar a dibujar una persona con su prenda de ropa —sea falda, camisa o pantalón— e ir añadiendo los miembros y la cabeza, es menos amenazador que empezar con la cara. Y si alguno ni siquiera puede seguir estas indicaciones, puede hacer una combinación de rayas o curvas en su hoja de papel y rellenar los espacios con colores. ¡Hay cámaras para sacar imágenes perfectas! Lo importante es que cada persona se sienta cómoda con los materiales y que sepa que su esfuerzo va a ser reconocido. Por eso, no se deben exponer sólo los trabajos más artísticos.

Las siguientes son algunas sugerencias prácticas, tanto positivas como negativas, para ayudar al maestro:

LOS NIÑOS

- Los niños crean con las emociones y con la mente.
- No demuestre desaprobación a ideas raras.
- Los niños son sensibles: hay que tratarlos a todos de igual manera.
- Cuídese de elogios y críticas.
- Anímelos a representar experiencias cotidianas.
- No espere representaciones realistas.

EL INDIVIDUO

- Dé suma importancia al pensamiento individual.
- No le ayude con el lápiz, sólo con palabras.
- Permita que el niño progrese por su capacidad.
- No apure demasiado al menos desarrollado.
- Insista en que el niño haga su propio trabajo.
- Evite que copie el trabajo de otros.

ESTIMULO

- La expresión artística es aprendizaje.
- El arte no es meramente un "pasatiempo".
- Anime a los niños a compartir sus ideas.
- No critique la labor del temeroso.
- Ofrezca un poco de ayuda verbal al empezar.
- No espere demasiada confianza de los inmaduros.

INDICACIONES

- Mantenga normas para el uso de materiales, etc.
- No confunda la libre expresión con el desorden.
- Elija proyectos con un mínimo de explicación.
- Evite actividades como las de pintar dibujos ya preparados.
- Dé indicaciones claras al empezar.
- Anime más que mandar.
- Tenga en cuenta el tiempo a su disposición.
- Trate de no apresurar ni aburrir.

III

Las experiencias de una maestra

En la clase de dibujo, el trabajo con los niños de diferentes edades me ayuda mucho a relacionarme y, sobre todo, a vivir con ellos experiencias muy lindas. Por cierto, ellos expresan libremente sus pensamientos y sentimientos cuando se sienten cómodos. El compartir día a día con los niños me hace sentir feliz. Esos pequeños detalles que muchas veces los adultos no les damos importancia, son los que me ayudan a entrar en el mundo de los niños y aprender de ellos.

Cuando converso con algunos de los padres de los niños me preguntan: "¿Cómo puede tener tanta paciencia con tantos niños?" Yo les digo: "Sí, se necesita mucha paciencia, pero lo más interesante es la recompensa que se recibe: su confianza." Porque aun cuando la labor de recortar papeles es absorbente, el inventar formas, jugando con colores e ir colocándolos unos tras otros sobre una superficie hasta conseguir un conjunto satisfactorio, es realmente emocionante. El resultado puede sorprender incluso al propio autor del dibujo. Además, cuando un niño está realizando algún trabajo, uno se puede dar cuenta del estado de ánimo en que se encuentra. Es ahí donde trato de conversar con él o ella y comprenderle.

Creo en la creatividad de los niños pues ellos tienen mucha imaginación. Los adultos deberían aprovechar la oportunidad de aprender y acumular experiencias junto a ellos; sobre todo, ponerse en el lugar de ellos para ver el mundo con naturalidad y sencillez. Los niños necesitan ser escuchados o que alguien elogie sus trabajos. A veces, sin darnos cuenta, lastimamos sus sentimientos si criticamos o nos burlamos de las cosas que crean, o de los dibujos que hacen. Esto hace que los niños se sientan frustrados o acomplejados, y puede guiarlos a crecer con el pensamiento de que no pueden lograr nada.

Una vez, durante los primeros días de clase, empecé con un dibujo de expresión libre. Los niños empezaron a realizar sus trabajos, pero cuando fui recorriendo todo el salón, observé que un niño no estaba haciendo nada. Me acerqué y le pregunté:

— Rafael, ¿por qué no estás dibujando?

El respondió:

—Mi mamá dice que no debo hacer dibujos en mi cuaderno porque se gastan las hojas.

Entonces, yo le dije que le daría una hoja para que dibujara. El me contestó:

—Mamá dice que no sé dibujar y que no lo hago bien. Por eso no quiero hacerlo. Si yo le muestro lo que hice, ella lo va a botar.

Yo le respondí:

— Hazlo sin miedo. Yo no me voy a reír, ni lo voy a tirar.

Rafael empezó a dibujar una casa con la madre en la puerta despidiéndose de su esposo y un niño acarreando agua. Le dije:

—Me gusta mucho tu dibujo. Pero dime, ¿por qué el niño no está con sus padres?

—Yo quisiera que papá estuviera siempre con nosotros. El está dos días y luego se va. Yo nunca puedo despedirme de él, ni conversar con él —respondió el niño.

Me sentí confundida por la actitud de los padres de Rafael. La madre criticaba los trabajos del muchacho y el padre no estaba cuando su hijo lo necesitaba. Un niño no puede ni debe crecer en un ambiente de crítica destructiva, sino de comprensión y mucho amor.

En una ocasión, durante los días de la Pascua, impartía clases a un grupo de niños del segundo curso. Conversaba con ellos acerca de la vida de Jesús y mencioné algo de su entrada triunfal en Jerusalén. Los alumnos estaban muy atentos, yo diría fascinados con la historia. Al terminar el relato, les pedí que lo interpretaran con un dibujo. De pronto se para Ivania y dice: "Yo no puedo dibujar a Jesús, pues nunca lo he visto; ¡así que lo hago de espalda!" Otro dibujo que me llamó la atención fue representado con las tres cruces, pero la de enmedio tenía muchas gotas de sangre y muchos puntos de todos colores. Había también muchos niños tomados de las manos.

—¿Por qué estos puntos y esta sangre? —pregunté al niño que lo realizó.

—Esos puntos de colores es el fuego que seguramente debió caer ese día, y la sangre, pues, es la que Jesús derramó por toda la gente mala. Los niños estamos cuidándolo para que no se lo lleven ni lo maten los guardias —dijo él.

Es muy bueno ver cómo los niños nos pueden hacer cambiar y pensar en las cosas que pasaron y, lo más interesante, la manera cómo lo hacen.

Estos son algunos de los gratos momentos que paso con los niños en la escuela. Estoy muy agradecida a Dios nuestro Señor por la oportunidad que me da para compartir con los niños y, como dije, aprender muchas cosas de ellos.

Sandra Cabrera Zárate

IV

Técnicas

1. Dibujos y pinturas

Dibujo de expresión libre plastificado

Técnica

Un dibujo de expresión libre es una manera de manifestar un sentimiento, ya sea de alegría o tristeza, plasmándolo sobre un papel o cartulina con lápices de cera de colores y fijándolo con pegamento (carpicola).

Materiales

Papel bond o cartulina
lápices de cera
Pegamento (carpicola)
Regla o espátula

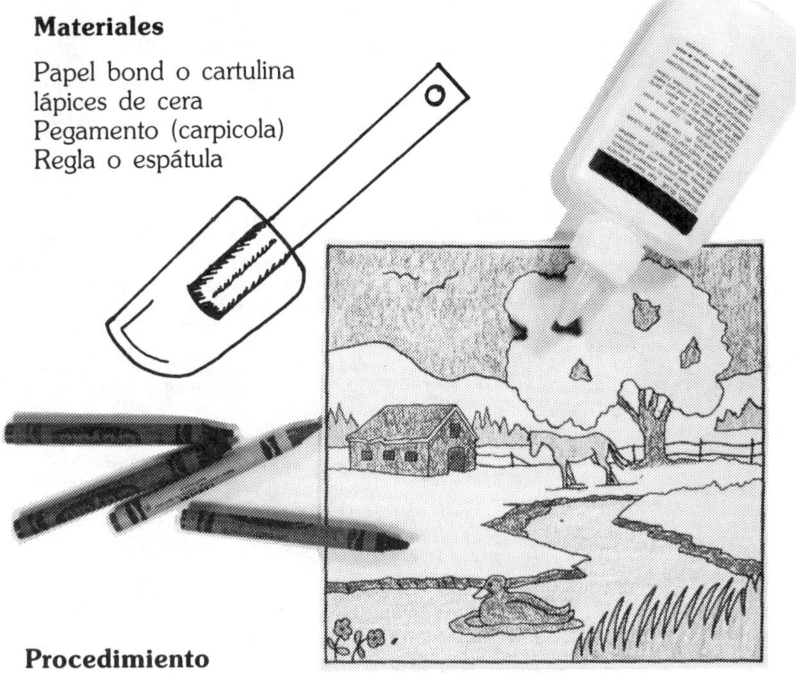

Procedimiento

1. En el papel o la cartulina, haga un dibujo sencillo con los lápices de cera, utilizando todo el espacio de la hoja.
2. Una vez terminado el dibujo, con mucho cuidado vaya esparciendo encima el pegamento (carpicola) con la ayuda de la regla o espátula.
3. Realizado el paso anterior, coloque el papel o cartulina sobre una superficie plana con algún peso en las puntas.
4. De esta manera el dibujo quedará totalmente plastificado.

Sugerencias

● Tapetes para la mesa.
● Carpetas personalizadas.
● Marcadores (señaladores).

Dibujo de resistencia con lápices de cera

Técnica

Diseños hechos con lápices de cera de colores resisten las pinturas como acuarela o témpera.

Materiales

Lápices de cera
Papel bond o cartulina
Pincel o esponja
Diarios (periódicos) viejos
Acuarela o témpera

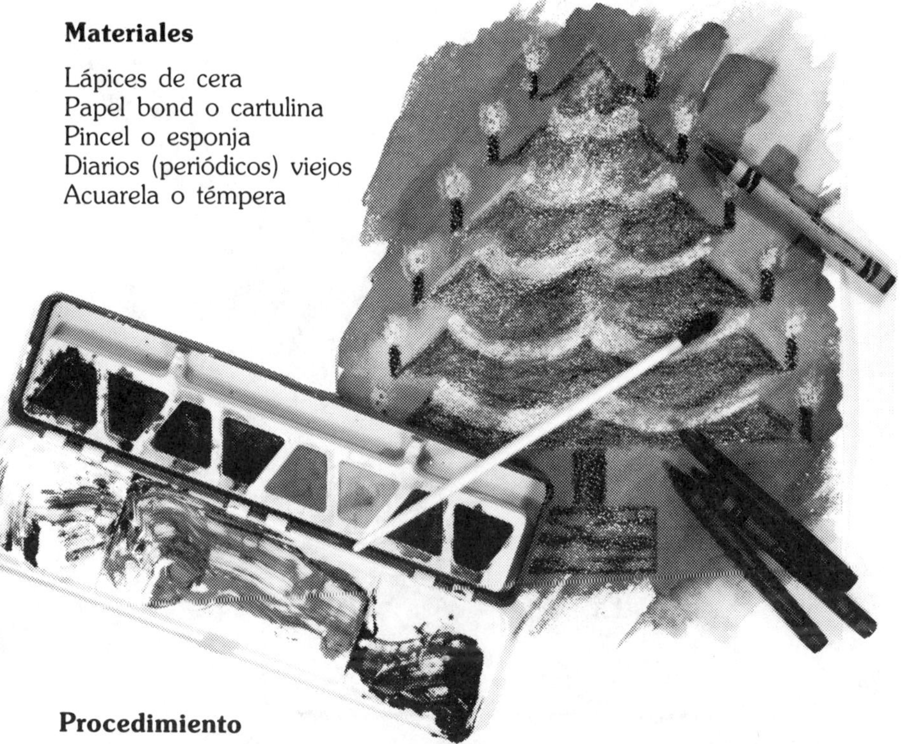

Procedimiento

1. Forre con papel periódico la mesa o pupitre.
2. Haga un diseño sobre el papel bond apretando los crayones para que marquen bien.
3. Con un pincel o un pedazo de esponja, dé un baño de pintura a todo el papel dejando que el dibujo resalte.

   OJO: Puede aplicar encima del diseño una capa fina de pegamento (cascola) un tanto diluido para proteger su obra.

Sugerencia

● Se pueden hacer forros de libros o carpetas.

Dibujo frotado con lápices de cera

Técnica

Frotando los lápices de cera de colores sobre un papel puesto encima de un relieve, hace salir un diseño interesante.

Materiales

Lápices de cera sin forro
Papel bond fino
Relieves como: hojas, monedas,
   moldes de cartulina, hilos,
   etc.

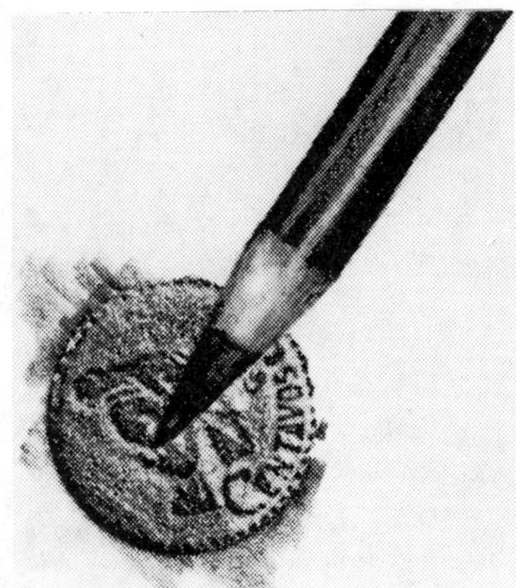

Procedimiento

1. Coloque el objeto, ya sea moneda, hilo, etc., en la mesa.
2. Tape el objeto que quiere dibujar con la hoja de papel bond y frote con los lápices de cera hasta que el objeto sea visible.

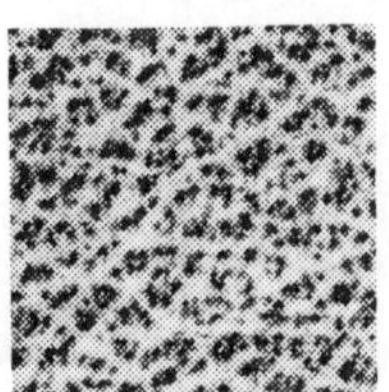

Lápices de cera sobre tela

Técnica

Un diseño hecho con lápices de cera de colores sobre tela bien firme (tupida) y planchado para fijar.

Materiales

Lápices de cera
Plancha
Papel periódico (sábana)
Un retazo de tela color blanco

Procedimiento

1. Sobre papel periódico (sábana), haga un borrador o prueba del diseño deseado.
2. Coloque la tela sobre una mesa plana o cubierta con papel periódico (diarios) o cartón.
3. Comience a hacer el diseño con los lápices de cera, según la prueba que hizo.
4. Apriete bien los lápices de cera para que quede bien claro el diseño.
5. Coloque sobre el diseño en la tela papel periódico (sábana) limpio y pase encima la plancha caliente, pero con mucho cuidado para no quemarlo o quemarse. De esta manera el diseño quedará fijo en la tela.

Sugerencias

- Se pueden hacer pañuelos, mantelitos.
- Camisas o delantales (mandiles) personalizados salen bien.
- Mapas hechos en tela grande sirven como ayudas didácticas.
- Banderines o letreros, hechos así por un grupo, son actividades expresivas para fiestas en la escuela o en el templo.

Dibujo sobre papel de lija

Técnica

Papel con relieve, como el papel de lija u otro, hace salir un diseño interesante.

Materiales

Papel de lija
Lápices de cera de colores
Diarios (periódicos)

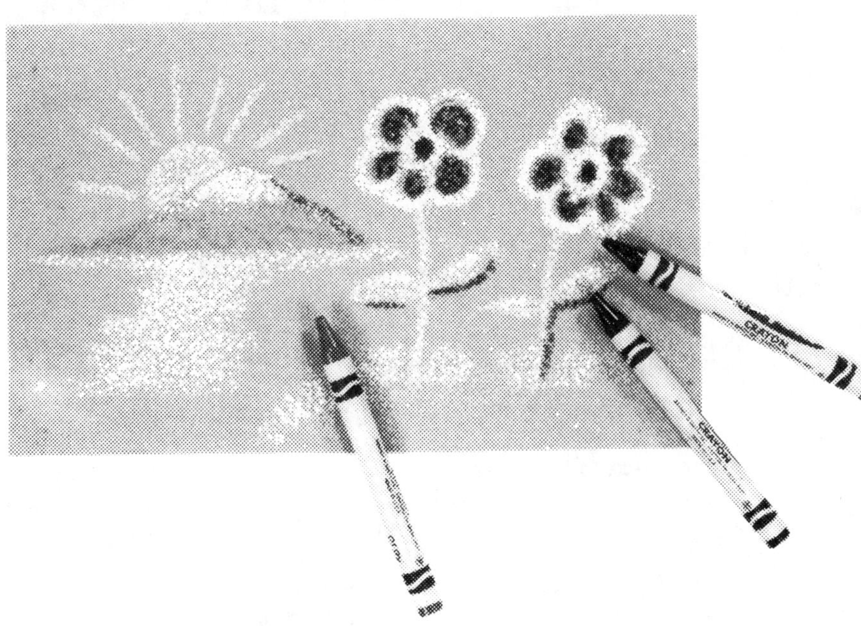

Procedimiento

1. Forre la mesa con papel de diario (periódico).
2. Coloque el papel lija sobre una superficie plana, con la parte áspera hacia arriba.
3. Empiece a diseñar algún dibujo de su propia creación sobre el papel, teniendo en cuenta que los lápices de cera pueden desmenuzarse.
4. Una vez terminado el diseño, tómelo de las puntas con las uñas para sacudir las partículas de los lápices de cera que están sueltas. Así, el diseño quedará limpio y con una muy buena impresión.

Diseño descubierto con un nombre

Técnica

Es divertido descubrir qué diseño se puede realizar con nuestro nombre, con los de la familia o con los de nuestros amigos.

Materiales

Papel bond o periódico (sábana)
Lápices de colores de cera
Tijeras o nuestras propias uñas

Procedimiento

1. Doble la hoja de papel bond o sábana por la mitad, repasándola dos veces para que tenga la línea bien visible.
2. Desdoble el papel y escriba con los lápices de cera el nombre deseado sobre la línea del doblez.
3. Doble la otra mitad del papel que está en blanco sobre la mitad escrita y empiece a repasar lo escrito con la punta de la tijera o con su propia uña.
4. Desdoble la hoja y verá que el nombre quedó marcado al revés, al otro lado del papel.

Sugerencia

● Se puede recortar el contorno del nombre doble en papel lustre y pegarlo en una hoja. Unas líneas añadidas con lápiz o marcadores (rotuladores) destacarán nuestra fantasía.

Grabado con lápices de cera

Técnica

Un grabado es un diseño que sale cuando el artista quita la cera de los lápices de colores de una hoja de cartulina o papel fuerte, dejando a la vista el fondo del papel.

Materiales

Lápices de cera
Papel fuerte
Instrumento con punta (como
  clavo, alambre, tenedor,
  palito, etc.)
Diarios (periódicos) viejos

Procedimiento

1. Forre la mesa con diarios viejos.
2. Cubra toda la hoja de papel bond con los lápices de cera, apretando fuerte para que quede una capa bien encerada.
3. Con la punta de un instrumento, vaya quitando la cera según el diseño que ha imaginado.

   ¡OJO! Cuide de no cortar el papel con los instrumentos.

Sugerencias

● Versículos bíblicos o lemas expresados en grabado sirven para reforzar la lección.
● El grabado de una puesta de sol, pintado sobre un horizonte, sale muy bonito. Empezando en la parte superior del papel, pinte secciones horizontales con diferentes colores; rojo matizado con naranja, amarillo, o aun celeste.

Tiza sobre papel

Técnica

Con una tiza se pueden pintar hermosos paisajes y diseños abstractos.
Una capa de pegamento (cascola) diluido con agua, conserva el dibujo.

Materiales

Papel
Tiza
Atomizador (chisguete)
Pegamento (cascola) diluido
   con agua para fijar

Procedimiento

1. Con tiza, haga un dibujo sobre el papel llenando bien toda la hoja.
2. Sacuda el papel para hacer caer las partículas de tiza.
3. Una vez terminado el diseño, use el atomizador para rociarlo con el
   pegamento (cascola) diluido hasta tener una capa fina.

   ¡OJO! Haciendo el fondo primero y terminando con las figuras da
      como resultado un lindo dibujo.

Tiza sobre papel mojado

Técnica

Mojando el papel y pasando encima tiza seca se obtienen lindos dibujos, impresionistas o abstractos.

Materiales

Papel fuerte
Tiza de colores
Algodón
Agua

Procedimiento

1. Moje el algodón con un poco de agua y páselo en todo el papel.
2. Con la tiza, comience a hacer su dibujo procurando cubrir toda la hoja de papel.
3. Una vez terminado el dibujo, tome la hoja de papel de una de las puntas y sacúdala para que caigan todas las partículas de la tiza.

¡OJO! Una capa fina de pegamento (cascola) diluido preserva el diseño.

Sugerencias

- Un forro personalizado de un libro.
- Un mantelito o una carpeta.
- Un cuadro expresando el sentimiento o un tema.

Tiza mojada sobre pizarra

Técnica

Mojar la tiza antes de trazar líneas para caligrafía, música o contorno de mapas, permite que las líneas queden permanentemente hasta lavar con agua otra vez la pizarra.

Materiales

Tiza
Pizarra

Procedimiento

1. Moje la tiza que va a usar.
2. Una vez mojada la tiza la puede usar según su necesidad, haciendo pentagramas, mapas, líneas, etc.

Sugerencia

● Se puede hacer un paisaje si se desea tenerlo por un tiempo.

Pintura sobre papel mojado

Técnica

La pintura sobre el papel mojado produce un efecto impresionista. Diseños abstractos o paisajes salen algo opacos, pero lindos.

Materiales

Papel bond o periódico (sábana)
Témpera o acuarela
Pinceles o algodón
Agua
Diarios (periódicos)

Procedimiento

1. Forre la mesa con papel periódico (diarios).
2. Haga el diseño o bosquejo sobre el papel bond o sábana.
3. Con el pincel o algodón, moje el papel que desea pintar.
4. Pinte el diseño.

¡OJO! Al pintar su diseño cuide de no mojar demasiado el pincel.

Sugerencias

● Esta técnica se presta para expresar los sentimientos: gozo, esperanza o tristeza.
● Sobre una base preparada con esta técnica se pueden colocar figuras cortadas de papel glace o estañado (metálico, de aluminio) o de tela.

Pintura sobre piedras

Técnica

Un paseo al río nos provee con piedras interesantes, o si vamos a la playa encontraremos hermosas conchas. Trate de imaginar figuras de animales, mostruos, etc., y añada algunas líneas descriptivas.

Materiales

Piedras o conchas
Marcadores (rotuladores)
  de punta fina
Barniz para dar lustre

Procedimiento

1. Busque las piedras o conchas.
2. Mire para descubrir una figura.
3. Aplique las líneas necesarias para representar su imaginación.
4. Dé lustre con barniz o pegamento (cascola, carpicola).

Sugerencia

● Se pueden combinar varias piedras o conchas para formar una escultura interesante.

Manchones (blottos)

Técnica

Diseños lindos con manchas de pintura, cortadas y pegadas en papel.

Materiales

Papel sábana (periódico)
Papel de color
Témpera
Tijeras
Pegamento (cascola, carpicola)

Procedimiento

1. Sobre la mitad de la hoja del papel periódico (sábana), ponga manchas de pintura. Antes que sequen, doble la hoja para que las manchas de pintura queden impresas en la otra mitad.
2. Después de secar, corte alrededor de las manchas dobles y deje que su imaginación vuele.
3. Ordene y pegue las manchas sobre una hoja de color formando un diseño abstracto o impresionista.

28

Pintura con hilo sobre papel doblado

Técnica

Este tipo de pintura es una de las hermosas expresiones o combinaciones de colores que se hacen con hilo; de tamaño y colores diferentes.

Materiales

Estambre o hilo
Papel bond
Témpera
Agua

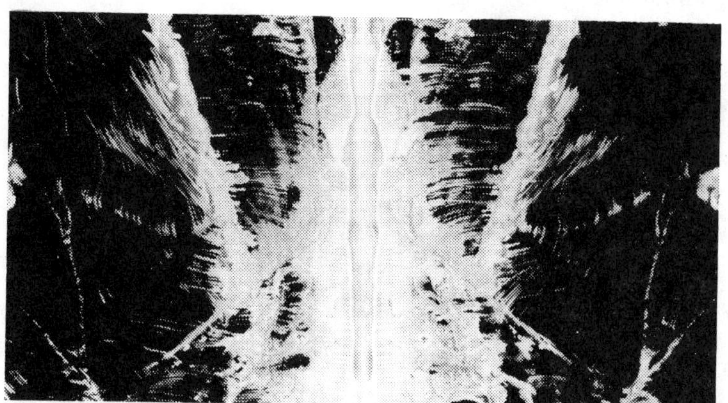

Procedimiento

1. Coloque sobre la mesa o pupitre la hoja de papel bond en forma vertical y luego dóblela por la mitad.
2. Escoja la témpera con la que va a trabajar y agregue un poco de agua. Luego, meta los hilos o el estambre en la témpera, teniendo cuidado que las puntas queden afuera de la pintura para poder sacarlos.
3. Coloque los hilos mojados sobre una de las mitades del papel permitiendo que las puntas se extiendan a todo lo largo. Doble la otra mitad del papel encima de los hilos, presionando con una mano y con la otra vaya estirando los hilos suavemente hasta sacarlos por completo.
4. Al desdoblar la hoja obtendrá un lindo diseño.
5. Puede repetir los pasos 3 y 4 con otro color, después que seque el primer color.

Sugerencia

● Lindas tarjetas.

Pintura con algodón o esponja

Técnica

Algodón o pequeños pedazos de esponja producen un diseño abstracto o impresionista (sutil).

Materiales

Cartulina
Témpera o acuarelas
Agua
Algodón
Esponja

Procedimiento

1. Coloque la cartulina sobre la mesa y realice el dibujo que tiene en mente.
2. Luego, con el algodón o una esponja, vaya pintando con mucho cuidado para no mezclar los colores y manchar el dibujo. Una vez terminado, deje secar el dibujo.
3. Dibujos más detallados pueden ser pintados con "cotonetes" (palitos con las puntas forradas de algodón).

   ¡OJO! Utilice varios pedacitos de algodón o esponja para no mezclar los colores.

Sugerencia

● Carpetas o mantelitos individuales hechos sobre papel fuerte y luego plastificados hacen buen uso de la creatividad de los artistas.

Pintura con los dedos

Técnica

Pintar con las manos sobre una superficie grande permite expresarnos y liberar las tensiones.

Materiales

Cartulina o papel grande
Esponja
Plancha
Agua
Recipiente con agua

Pintura
(Hervir los siguientes ingredientes:
1/2 taza de agua
2 cucharadas de maizena
1 cucharada de jabón en polvo
Añada color témpera
Deje enfriar)

Procedimiento

1. Prepare de antemano la pintura.
2. Con una esponja, moje bien la cartulina o el papel.
3. Estire la cartulina o el papel sobre la mesa, asegurándose que no esté arrugado.
4. Ponga una cucharada de pintura sobre el papel o cartulina y extiéndala con la mano.
5. Deje que su mano haga zigzags, rayas, curvas, o cualquier movimiento.

¡OJO! No olvide de ponerle a los niños una camisa vieja de papá para proteger la ropa. Conviene que trabajen pocas personas a la vez para que tengan más libertad de moverse.

Rocío sobre papel

Técnica

Rociando la pintura con un cepillo de dientes, frotado sobre un pedazo de malla metálica, da un efecto muy lindo. Se pueden hacer diseños interesantes tapando una parte con una figura de cartón u hojas de árboles.

Materiales

Malla metálica
Cepillo de dientes
Papel fuerte o cartulina
Papel periódico (diarios)
Figuras de cartón

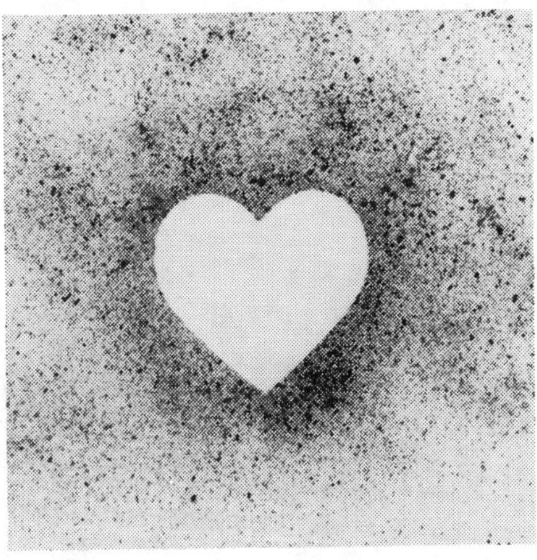

Procedimiento

1. Forre la mesa con papel periódico (diarios) y coloque sobre ésta el papel fuerte con el que va a trabajar.
2. Coloque las figuras sobre el papel.
3. Moje el cepillo de dientes con la pintura y pásela sobre la malla rociando el papel.
4. Quite las figuras y deje secar bien su trabajo.

   ¡OJO! Si no tiene una malla metálica, puede mojar con pintura los dientes del cepillo y frotarlos con un palito o un cuchillo para espolvorear la pintura.

Sugerencias

● Esta técnica sirve para hacer tarjetas o cuadros.
● Use esta técnica sobre tela blanca con pintura acrílica para pañuelos, etc.

2. Cortados y doblados

Cortado con los dedos

Técnica

A veces tenemos que cortar algo y no hay una tijera a mano. No sólo es práctico utilizar las uñas sino que la figura sale interesante.

Materiales

Papel bond o periódico (sábana)
Papel de color
Pegamento (cascola, carpicola)

Procedimiento

1. Tome el papel y con sus uñas vaya cortando una figura. Hágalo poco a poco.
2. Pegue su figura sobre papel de color.

Sugerencia

● Doblando el papel se pueden cortar figuras simétricas.

Hojas de nieve

Técnica

El papel doblado y cortado cuidadosamente resulta en un diseño casi como de encaje. Recuerde, no hay dos hojas de nieve iguales.

Materiales

Papel blanco fino
Tijeras
Papel de colores
Pegamento (cascola)

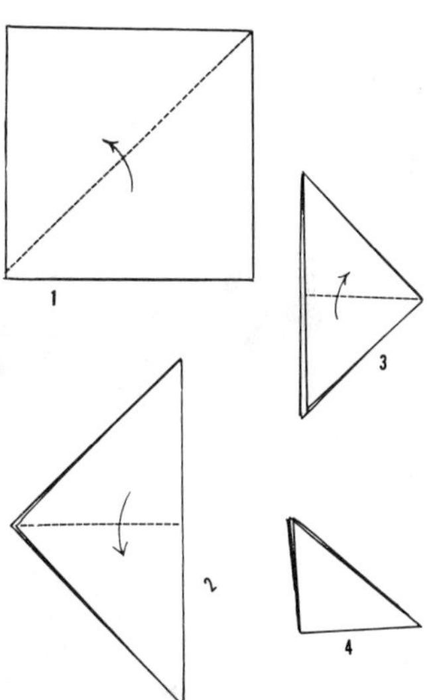

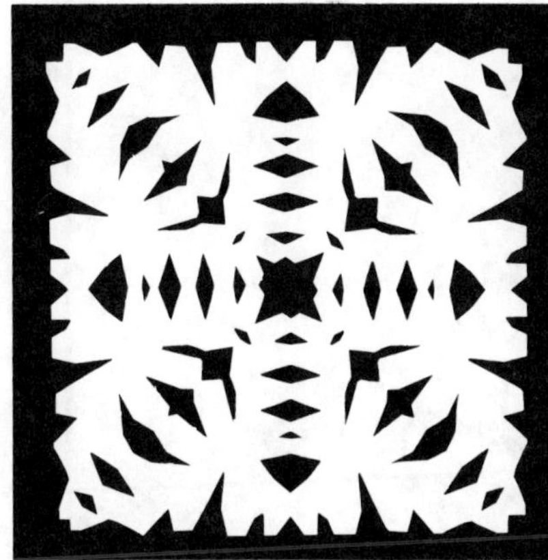

Procedimiento

1. Tome un papel cuadrado y dóblelo de una punta a la otra. Junte las dos puntas extremas formando otro triángulo. Doble este triángulo a la mitad y corte rectamente las puntas formando otro triángulo.
2. Haga recortes en los lados doblados y en la parte superior, siempre dejando algún espacio entre el doblez y los recortes.

   ¡OJO! Hay que cuidar de no cortar mucho del doblez.

3. Abra el triángulo y se sorprenderá de la belleza de diseño.
4. Pegue la hoja de nieve sobre papel de colores.

Sugerencias

● Tarjetas para el día de la madre o Navidad.
● Un encaje para adornar una página o una tabla de un estante.
● Un patrón para la técnica de rocío con pintura.

Figuras paradas

Técnica

Una figura cortada sobre el doblez se para por sí sola y sirve en trabajos tridimensionales.

MATERIALES

Lápiz
Cartulina
Lápices de colores de cera
   o pintura
Tijeras

Procedimiento

1. Doble el papel por la mitad juntando las puntas opuestas.
2. Dibuje una figura completa en uno de los lados del papel; el otro lado va a servir como apoyo.
3. Recorte la figura, pero siempre doble.
4. Decore la figura con lápices de cera de colores o pinturas, según su fantasía.

   ¡OJO! Las figuras pueden ser cortadas en forma larga o corta, siempre cuidando que el doblez quede en la parte superior.

Sugerencia

● Hay un sin fin de figuras como animales, personas, autos, casas, etc., que se paran cuando son cortados dobles.

Animales con recortes

Técnica

Una figura parada cortada de cartulina o cartón con recortes para cabeza, etc.

Materiales

Cartulina o cartón
Lápiz
Lápices de colores de cera
Tijeras

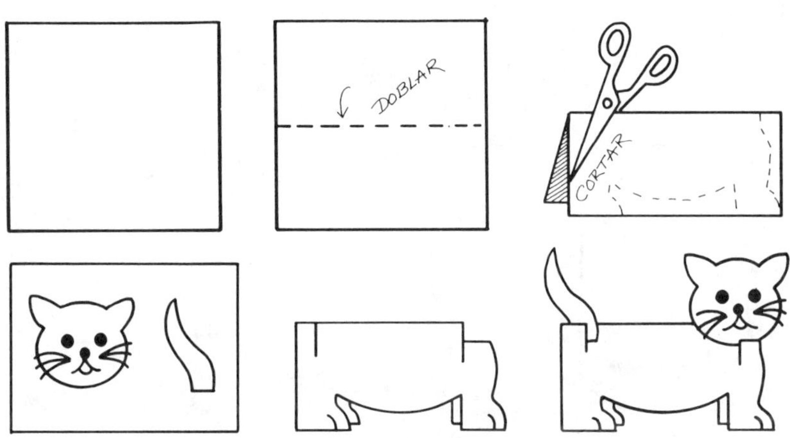

Procedimiento

1. Corte en forma cuadrada la cartulina y dóblela por la mitad. Dibuje el cuerpo del animal y recórtelo.
2. En otro pedazo de cartulina, dibuje y recorte la cabeza y la cola del animal.
3. Haga dos cortes en la parte doblada (superior) del cuerpo del animal y coloque la cabeza y la cola en su lugar.
4. Pinte la figura a su gusto.

Sugerencia

● Esta técnica, además de prestarse para hacer todo tipo de animales, también permite elaborar otras figuras; por ejemplo, un pesebre.

Adornos

Técnica

Juntar dos figuras de contorno iguales, con un recorte en la parte superior de una y anterior de la otra, permite hacer una figura tridimensional.

Materiales

Cartulina o cartón
Papel estañado
   (de aluminio o lustre)
Pegamento (cascola)
Tijeras
Regla
Lápiz

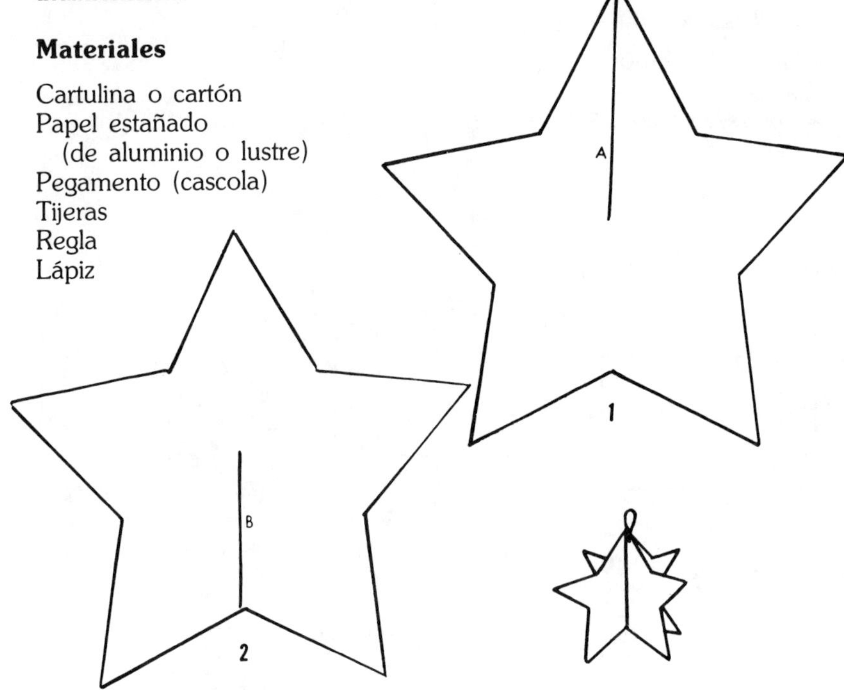

Procedimiento

1. Dibuje una figura sobre la cartulina y recórtela.
2. Recorte otra figura igual de la cartulina y, si tiene, cuatro más del papel estañado (brillante, de aluminio o lustre). Coloque el papel estañado en los dos lados de cada figura.
3. Haga un recorte en la parte superior hasta la mitad de una de las figuras, y de abajo hasta la mitad de la otra.
4. Después, junte las figuras insertando una en el recorte de la otra.

Sugerencias

● Se pueden hacer estrellas, campanas o arbolitos.
● En vez de forrar el cartón con papel estañado, se puede decorar las figuras con lápices de cera de colores o con partículas de brillo.

Casas dobladas

Técnica

Origami (papel doblado) es un arte que viene de Japón. Una casa hecha de papel doblado y decorada puede dar otra dimensión a una tarjeta, un cartel o una exposición.

Materiales

Papel fuerte
Lápiz
Lápices de colores
Tijeras o navaja

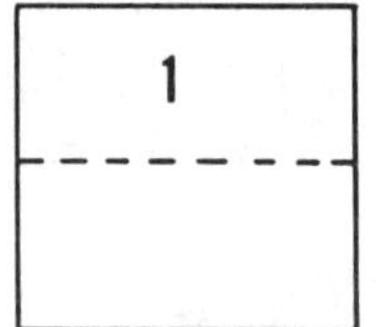

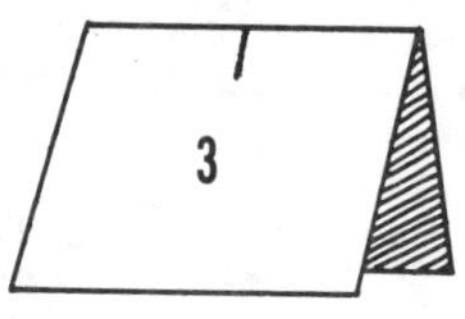

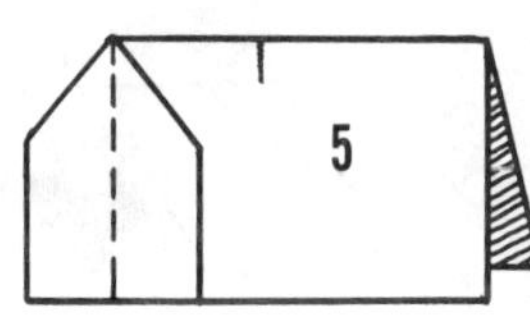

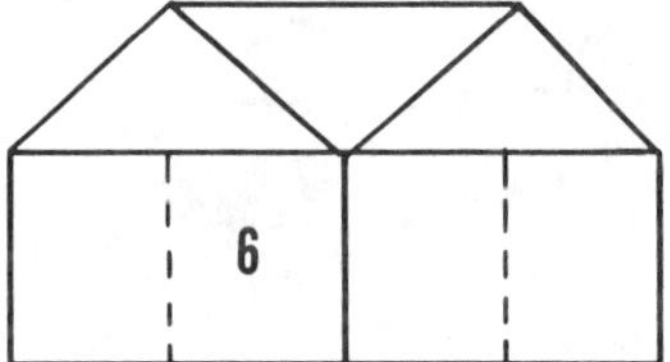

Procedimiento

1. Doble un cuadrado de papel por la mitad y marque con el lápiz el centro del doblez.
2. Tome las dos puntas del papel y llévelas hacia el marco en el centro. Marque bien el nuevo doblez.
3. Desdoble cada mitad y tome una a una las puntas y dóblelas hacia adentro formando dos triángulos en la parte superior del papel. Así tendrá formado el techo de la casa.
4. Por último, con la tijera, corte para hacer las ventanas y la puerta.
5. Decore su casita.

Sugerencia

● Se pueden añadir una familia o muebles.

Flores de papel

Técnica

Tiras de papel cortadas con pétalos y armadas con alambres forrados con papel verde.

Materiales

Papel crepé o de seda
Tijeras
Pegamento (cascola)
Alambre

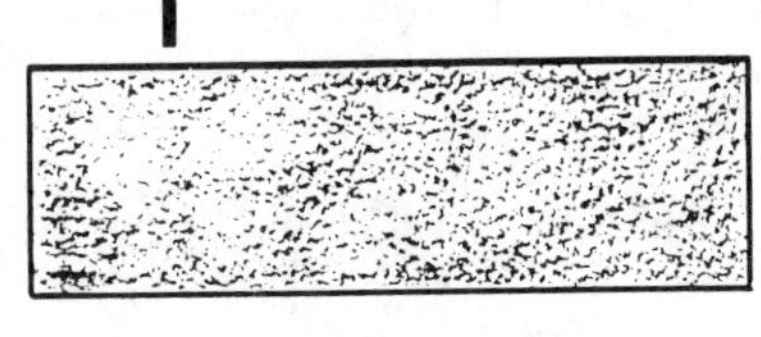

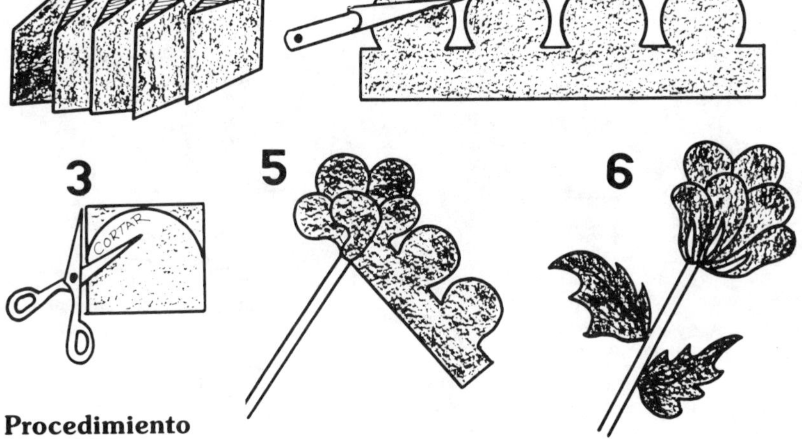

Procedimiento

1. Corte tiras de papel crepé, según el ancho que desee.
2. Doble las tiras en forma de zigzag.
3. Con la tijera, vaya recortando los pétalos, teniendo cuidado de no cortar los bordes.
4. Coloque la tijera o un cuchillo en la punta de los pétalos y tire para darles forma.

   ¡OJO! No hay que tirar muy fuerte del papel crepé.

5. Forre el alambre con papel verde y coloque los pétalos sobre una de las puntas, fijándolos con pegamento (cascola).
6. Déle forma final a cada flor según su gusto.

Sugerencia

● Flores de papel hacen lindos adornos o regalos.

Cadenas

Técnica

Tiras o eslabones de papel pasados uno en el otro para formar cadenas decorativas.

Materiales

Papel de colores
Pegamento (cascola)
Tijeras

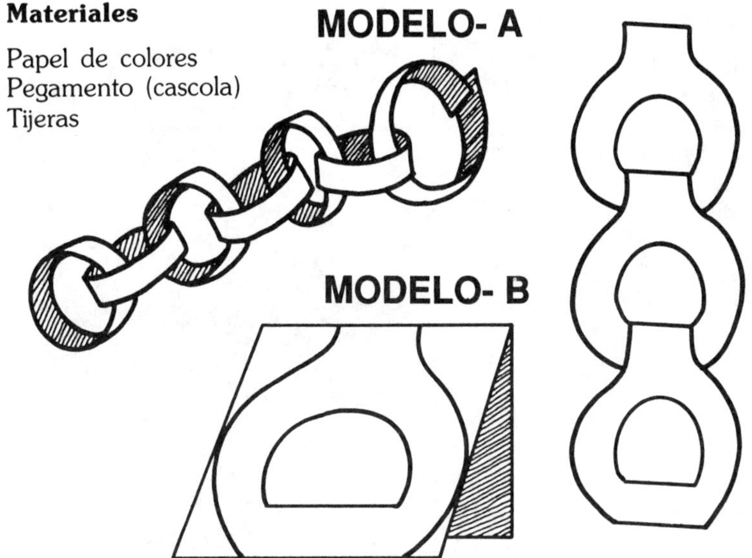

Procedimiento

Modelo A

1. Corte varias tiras de papel más o menos de 1 cm. por 10 cms.
2. Luego, comience uniendo una de las tiras con pegamento (cascola) formando un círculo.
3. Siga pegando cada tira (en forma de círculo) en la anterior, hasta obtener el largo que necesite.

Modelo B

1. Corte eslabones de papel doblado según se ilustra en la figura al lado del modelo B.
2. Haga una cadena pasando la mitad del eslabón por el anterior, cerrando con pegamento.

Sugerencias

- Actividad divertida para niños.
- Decoraciones para fiestas.
- Los eslabones sirven para hacer cinturones.

Marcadores

Técnica

Una tira de cartulina o de entretela, con un lema o versículo bíblico, para recordarnos dónde continuar la lectura.

Materiales

Cartón, cartulina o
  entretela
Lápices de fieltro
  (marcadores, rotuladores)
Tijeras
Pegamento (cascola)

Procedimiento

1. En un papel dibuje lo que desee, ya sea personas, cosas o animales.
2. En una tira de cartón, cartulina o entretela, pegue y corte su diseño.
3. Puede escribir con lápices de fieltro (marcadores, rotuladores) cualquier versículo bíblico o lema que le guste.

   ¡OJO! Usted decide el ancho y largo de los marcadores (señaladores).

Sugerencias

● Se puede utilizar entretela fuerte en vez de cartón.
● Un marcador (señalador) es un lindo recuerdo.

Diseño positivo/negativo

Técnica

Una figura de papel cortada de un color y colocada sobre otro color de papel es el "positivo". El "negativo" es el papel que sobra cuando se quita la figura.

Materiales

Papel de colores
Tijeras
Lápiz
Pegamento (cascola)

Procedimiento

1. Corte dos papeles cuadrados iguales.
2. Doble el papel de un color por la mitad.
3. Dibuje una figura en el doblez y recórtela.
4. Coloque la figura "positivo" en el papel del otro color. Utilice el "negativo" en una hoja de papel del primer color.

   ¡OJO! Trate de crear una variedad de diseños cortando las figuras por la mitad y pegándolas sobre un segundo color.

Sugerencias

● Tarjetas.
● Patrones para el rocío de pintura.

3. Esculturas y modelados

Cerámica con arcilla

Técnica

La cerámica es una de las manualidades más antiguas. Los pueblos primitivos utilizaron el barro para fabricar sus utensilios. Objetos cocidos a fuego lento duran mucho tiempo.

Materiales

Arcilla
Bolsa de hilo
Martillo
Agua
Cernidor o malla

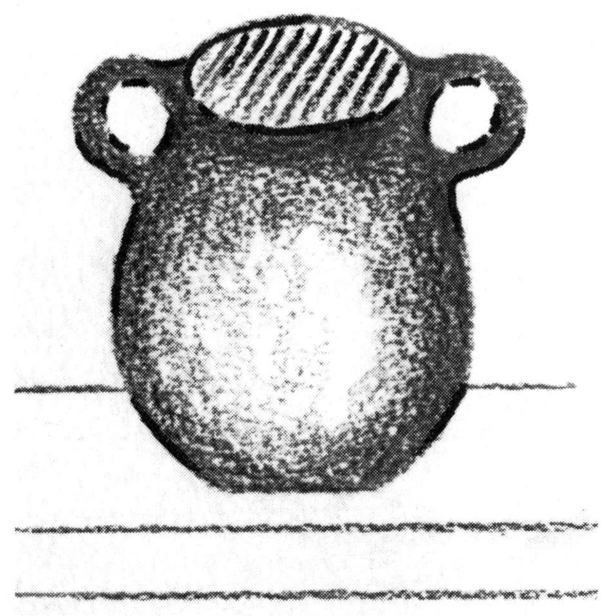

Procedimiento

1. Coloque arcilla seca en una bolsa de hilo y golpéela con el martillo hasta pulverizarla.
2. Disuelva la arcilla pulverizada en medio balde de agua, y déjela remojar más o menos una hora.
3. Después de remojada la arcilla, pásela por el cernidor o malla. Déjela nuevamente en agua durante la noche, o aproximadamente seis horas. Por la mañana, quite el agua clara que esté encima.
4. Amase bien la arcilla para que quede suave y guárdela en una bolsa de plástico hasta el otro día; después podrá hacer platos, ollas, etc.

Sugerencia

● Historias bíblicas como las bodas de Caná, la viuda de Sarepta, motivan a hacer vasijas o tinajas pequeñas.

Arcilla de aserrín

Técnica

El aserrín fino de una carpintería, mezclado con pasta de harina, sirve para hacer objetos bonitos.

Materiales

Aserrín fino
Pasta de harina o
    pegamento (cascola)
Pincel para pintar
Pintura

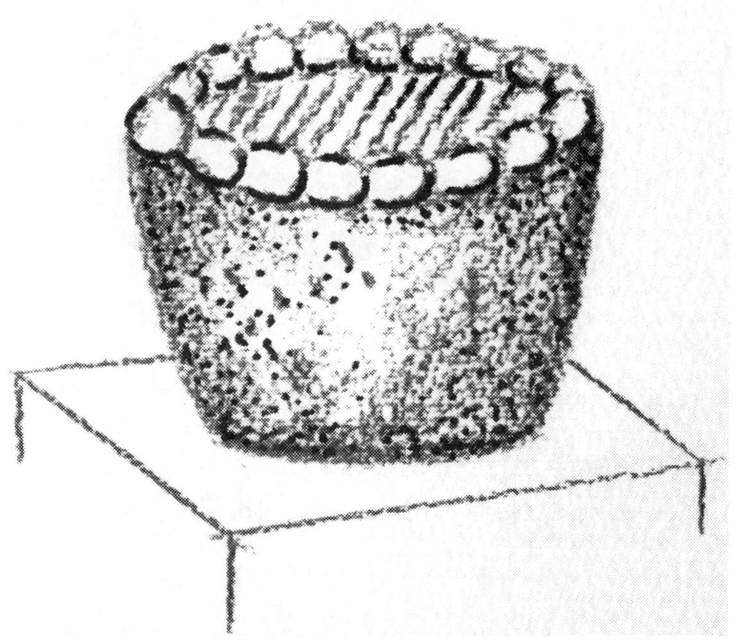

Procedimiento

1. Mezcle el aserrín con pasta o pegamento (cascola) hasta obtener la consistencia de plastilina.
2. Modele la escultura u objeto deseado.
3. Seque bien su modelado y píntelo o decórelo.

    ¡OJO! Objetos grandes necesitan alambre por dentro para reforzarlos.

Masilla de harina

Técnica

La masa de harina mezclada con otros ingredientes sirve para que los niños puedan modelar. Si se guarda en bolsas de plástico o en un recipiente bien cerrado dura mucho tiempo; si se deja al aire se seca.

Ingredientes

3 tazas de harina
1 1/2 tazas de agua
3 cucharadas de aceite
1 cucharada de polvo de alumbre
1 taza de sal
Gotas de colorante (de pastelería)

Procedimiento

Se hierve el agua con la sal, el polvo de alumbre, el aceite y el colorante. Cuando ya está hirviendo todo esto, se vierte sobre la harina y se amasa bien. Hay que dejar que se enfríe un poco para no quemarse.

¡OJO! Cuide que los niños no ensucien la masilla porque se puede volver a juntar y guardar para otro día.

Sugerencia

● Los niños pueden usar esta masilla en vez de plastilina.

Arcilla del panadero

Técnica

Con esta masilla, secada al sol fuerte o en el horno lento, se pueden hacer lindos adornos o canastas.

Ingredientes

4 tazas de harina
1 taza de sal
1 1/2 tazas de agua

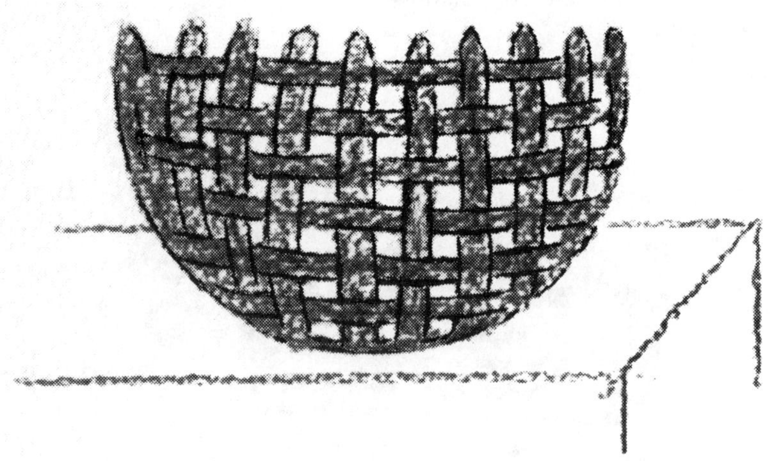

Procedimiento

1. Mezcle la harina, la sal y el agua y amase bien.
2. Una vez lista la masa, podrá hacer adornos pequeños como platitos y otros.
3. Seque su modelo al sol o en el horno a fuego muy lento (unos 200 g.c.).

   ¡OJO! Para poder colgar algunos de los modelos, colóqueles en la parte de atrás unos prensadores de papel (*clips*) o alambre, antes de ponerlos a secar.

Sugerencias

● Puede hacer una canasta o una panera trenzando tiras de esta masa sobre una asadera de pan (sartén o molde) enmantecada. Una vez seca, póngale barniz para conservarla y poder limpiarla.
● Haciendo un marco cuadrado o redondo, se puede pegar una foto cuando esté seco.

4. Móviles

Móviles

Técnica

Figuras atadas a una armazón y que se mueven para llamar la atención. Las variedades de armazones y las diferentes técnicas empleadas en las figuras, abren un sin fin de posibilidades para la creatividad.

Materiales

ARMAZONES

1. Ramas de árboles

2. Espirales de cartón

3. Palitos balanceados

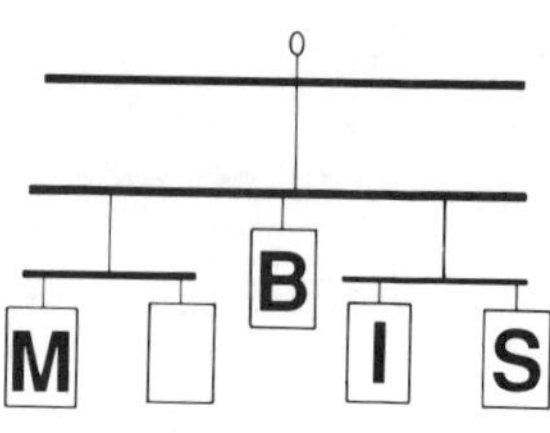

4. Perchas

5. Armazones de paraguas

FIGURAS

1. Figuras de cartón o cartulina.
   Dibuje, pinte, plastifique como se hace con las técnicas de los lápices de cera de colores y pinturas. El propósito es determinar las figuras: letras, niños de varias naciones, la creación, artículos de aseo y mucho más.

2. Objetos de la naturaleza.
   Mariposas, conchas, hojas, insectos, etc.

3. Cáscaras de huevos decoradas.
   Abra agujeros en las dos puntas de un huevo crudo. Después, sople en uno de los agujeros hasta que la clara y la yema salgan por el otro agujero.

   ¡OJO! Busque huevos con cáscara dura.

4. Figuras de plastoform (goma espuma).
   Corte las figuras con cuidado y píntelas con témpera. También, puede forrar las figuras con papel alumnio o estañado.
5. Muñecos de lana.
   (Véase página 87.)

Procedimiento

1. Elija la armazón y el tema o motivo.
2. Prepare las figuras según las ideas dadas arriba.
3. Fije las figuras con hilo o nilón (*nylon*) de pescar. En el caso de objetos como huevos, fije el hilo con cinta adhesiva.
4. Coloque el móvil en un lugar donde pueda moverse.

Sugerencias

● Una rama grande, colocada en una lata de arena y con objetos de colores, adorna cualquier cuarto.
● Un móvil con letras anuncia un mensaje.
● Se pueden representar con móviles los días de la creación, los patriarcas, los apóstoles, etc.

5. Estampados y tallados

Estampado con cilindros

Técnica

Figuras de cartón, esponja o hilos, pegados en un cilindro, imprimen un diseño continuado.

Materiales

Diarios (periódicos) viejos
Cilindro de papel higiénico
Papel fuerte
Cartón o esponja
Hilo o lana gruesos
Pegamento (cascola)
Pintura o témpera
Pinceles

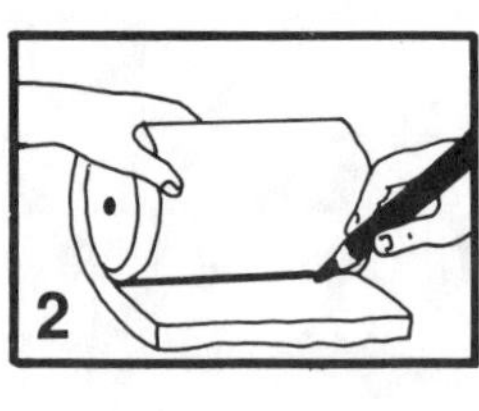

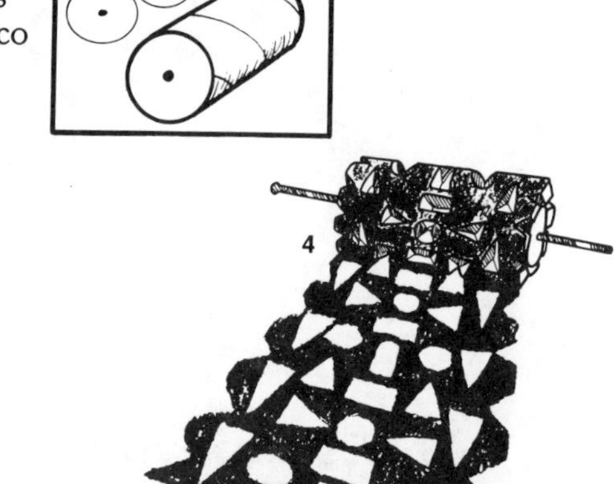

Procedimiento

1. Forre la mesa con papel periódico y coloque el papel fuerte.
2. Corte figuras del cartón o de la esponja y péguelas en el cilindro. Una vez seco el pegamento, empape un pincel con pintura y páselo sobre las figuras en el cilindro.
3. Pase el cilindro sobre el papel, haciéndolo rodar de una punta del papel a la otra, hasta estamparlo todo. Después, déjelo secar.
4. Con otro cilindro, forme un diseño envolviendo lana alrededor, dejando espacio para que salgan líneas curvas o zigzags. Póngale pintura de la misma manera y estampe otra hoja de papel.

¡OJO! Se puede usar una botella o un rodillo.

Sugerencias

● Papel de envoltura (de embalaje).
● Tela estampada con pintura acrílica.

Pulgarcitos

Técnica

El pulgar no sirve sólo para identificación en documentos, sino también para estampar la base de diferentes figuras.

Materiales

Papel bond
Pintura témpera
Lápiz o marcador (rotulador)
Lápices de cera de colores

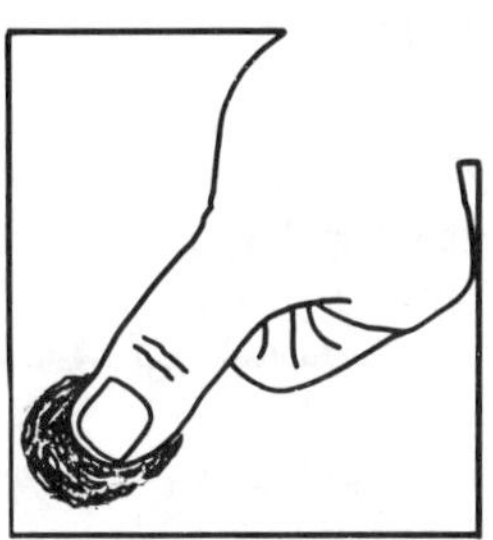

Procedimiento

1. Coloque el papel bond sobre la mesa y con el dedo pulgar mojado en la témpera, empiece a estampar el papel.
2. Añada líneas con el lápiz para completar las figuras, ya sean animalitos, niños, flores, etc., en la forma que lo desee.
3. Complete el dibujo con algún paisaje u otro fondo.

   ¡OJO! Cortando varias de las impresiones pulgares de diversos colores, podrá colocarlos en una hoja y completar el dibujo a su gusto.

Sugerencias

- Tarjetas.
- Cuadros plastificados y encuadernados.

Estampado con verduras

Técnica

Una verdura con un corte en relieve sirve para estampar su diseño sobre papel o tela.

Materiales

Verduras
Cuchillo
Pintura témpera
Papel fuerte o tela

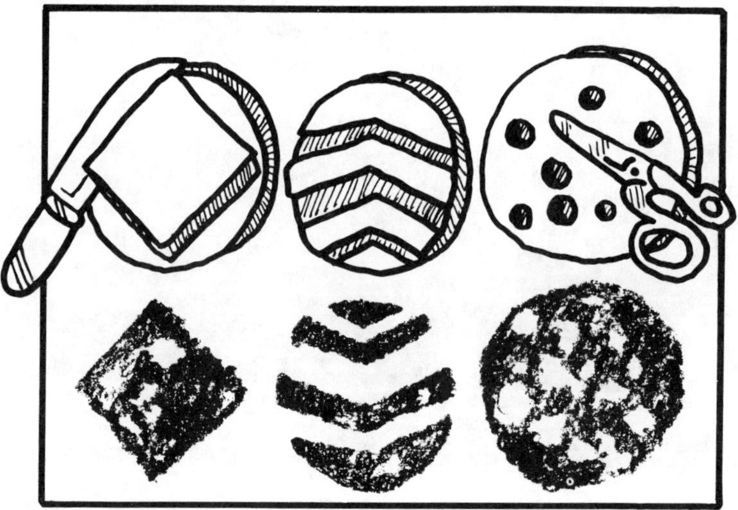

Procedimiento

1. Coloque todo su material sobre la mesa.
2. Corte una verdura por la mitad y haga un diseño.
3. Con un cuchillo, corte alrededor de la figura (unos 5 mm. de hondo) dejando que ésta sobresalga (quede en relieve).

   ¡OJO! Corte con cuidado para no arruinar la figura o letra.

4. Moje la verdura en pintura y comience a estampar en el papel o en la tela.

Sugerencias

● Tarjetas en papel o cartulina.
● Papel de embalaje (de envolver).
● Tela estampada con pintura acrílica.

Estampado sobre tela

Técnica

Un recorte o figura en relieve en una verdura (papa u otra), sirve para estampar un diseño sobre papel o tela.

Materiales

Tela lisa
Papel periódico (diarios)
Verdura
Cuchillo
Pintura acrílica
Pincel
Agua

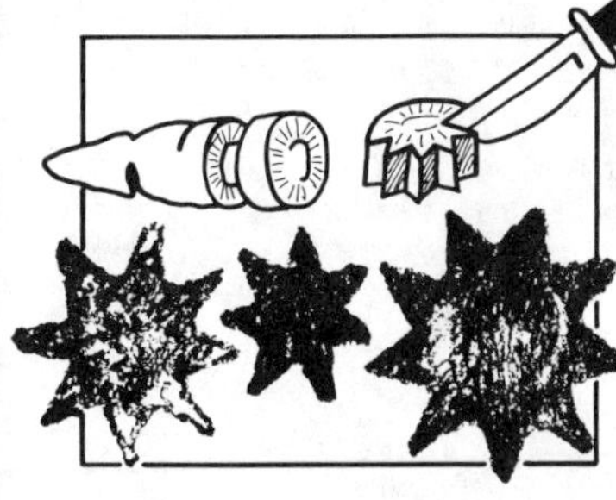

Procedimiento

1. Forre la mesa con el papel periódico y coloque encima la tela (planchada).
2. En la verdura partida por la mitad, talle un dibujo dejando un buen relieve como se sugiere en la técnica para estampar en papel.
3. Moje con pintura el diseño que talló en la verdura utilizando un pincel, y estampe la tela en forma ordenada.

   ¡OJO! Conviene limpiar el pincel cada vez que se cambie de color para no manchar o mezclar los colores.

Sugerencia

● Se pueden estampar pañuelos, servilletas o manteles para hacer lindos regalos.
● También se pueden hacer banderines para decorar el salón en el día de la madre, Pascua, Navidad, aniversarios, campañas, etc.

Madera tallada

Técnica

Madera blanda (delgada) tallada con un cincel o un cuchillo, sirve para hacer un bonito cuadro.

Materiales

Tabla de madera blanda
Lápiz
Cincel o cuchillo
Papel de lija
Barniz
Pincel

Procedimiento

1. Prepare un cuadrado o un rectángulo de madera limpiándolo con papel de lija.
2. Haga un diseño y un borde con el lápiz.
3. Con el cuchillo, saque la madera entre el borde del dibujo y las figuras dejando que el diseño sobresalga (en relieve).
4. Con el papel de lija, suavice el grabado.
5. Una vez terminado el cuadrito, barnícelo.

Sugerencia

● Un lema o versículo bíblico grabado con esta técnica, es un regalo especial y bastante personalizado.

6. Collage y mosaicos

Mosaico

Técnica

Un mosaico es una obra de piedras o vidrios, compuestos como en una pared. La técnica puede ser empleada utilizando recortes de papel de colores.

Materiales

Papel de colores
Hojas de revistas
Cartulina
Tijeras
Pegamento (cascola)

Procedimiento

1. Haga un diseño sobre la cartulina.
2. Corte los papeles de colores o de revistas en trozos pequeños y en varias formas.
3. Unte los trozos de papel con pegamento (cascola) y péguelos sobre el diseño para llenar el espacio.

   ¡OJO! Con un papel grande pueden trabajar varias personas a la vez.

Sugerencias

● Se pueden hacer lindos cuadros.
● Con el mosaico como fondo coloque letras de un lema o un versículo bíblico.
● Haga el fondo del diseño con mosaico y la figura plana; o viceversa.

Collage

Técnica

Un *collage* es un diseño o cuadro confeccionado por medio de pegar una variedad de materiales: semillas, hojas, recortes de papel o tela, botones, hilo, fideos sobre un cartón o una botella, etc. El arreglo y la combinación de los materiales hacen una expresión atractiva.

COLLAGE CON PAPEL ONDULADO
(Papel ondulado, como la parte amortiguadora entre las dos caras de una caja de cartón.)

Materiales

Cartulina para fondo
Papel ondulado
Pegamento (cascola)
Tijeras
Pintura

Procedimiento

1. Recorte trozos del papel ondulado, sacándolos en varias direcciones.
2. Ubique los trozos: círculos, triángulos, tiras, etc., en forma representativa e interesante.
3. Fíjelos con el pegamento (cascola).

   ¡OJO! Puede pintar el cartón antes o después de cortar y pegar.

COLLAGE DE FIDEOS

Materiales
Cartón para fondo
Fideos de varias formas
Pegamento (cascola)
Pintura (si se desea)
Pincel

Procedimiento

1. Coloque el cartón en la mesa y tome un momento para imaginar qué diseño hacer con los fideos.
2. Empiece con una figura central y vaya pegando una clase de fideos hasta llenar la figura.
3. Complete el diseño cambiando de clase de fideos cada vez que añada una figura nueva o un diseño diferente.
4. Rellene el fondo del diseño con fideos más pequeños o chatos.
5. Pinte los fideos según su deseo.

¡OJO! Un marco de fideos da una linda terminación al cuadro.

Sugerencias

● Floreros hechos de una botella o de una lata salen muy lindos cuando son decorados con fideos.
● Barnice los fideos en vez de pintarlos de colores; no importa si los fideos son verdes o naturales.

COLLAGE CON SEMILLAS

Materiales

Cartón para fondo
Semillas de arroz, lino,
  zapallo (calabaza), etc.
Pegamento (cascola)
Barniz
Pincel

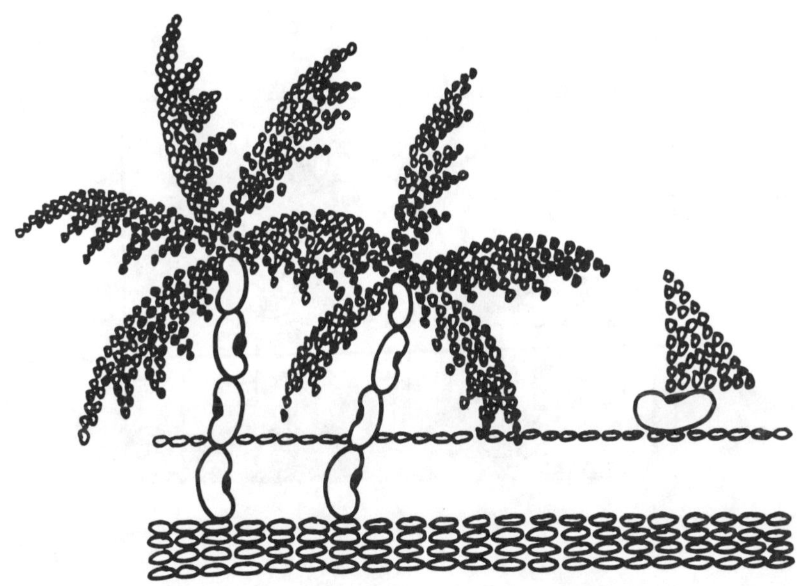

Procedimiento

1. Haga un dibujo sobre el cartón.
2. Pegue las semillas en la misma forma que se sugirió con los fideos,
   cuidando de arreglar las diferentes semillas de manera atractiva.
3. Pinte las semillas con el barniz para dar lustre. Los colores naturales
   de las semillas son muy atractivos.

COLLAGE DEL COSTURERO

(En el costurero hay botones, trozos de tela, blondas o encaje y cintas.
El paño lenci o felpa se presta admirablemente para un collage.)

Materiales

Cartón para fondo
Papel bond
Trozos del costurero
Botones
Tijeras
Pegamento (cascola)

Procedimiento

1. Forre el cartón con el papel.
2. Busque tesoros en el costurero y vaya arreglándolos en forma
   atractiva sobre el cartón forrado.
3. Pegue los botones o trozos con pegamento.

Sugerencias

● Esta técnica tiene mucho éxito con los niños pequeños porque a
ellos les gusta la fantasía.
● Un diseño más ordenado con figuras cortadas de paño lenci (felpa),
agregando hojitas secas, resulta un cuadro interesante y bonito.

7. Construcciones

Juguetes con envases de plástico

Técnica

Con envases de plástico, de aceite o detergente, alambre y tapas de los refrescos embotellados, se hacen lindos camioncitos.

Materiales

Envases de plástico
Tapas
Navaja o cuchillo
Vela
Tenaza
Alambre de amarre
Un clavo mediano

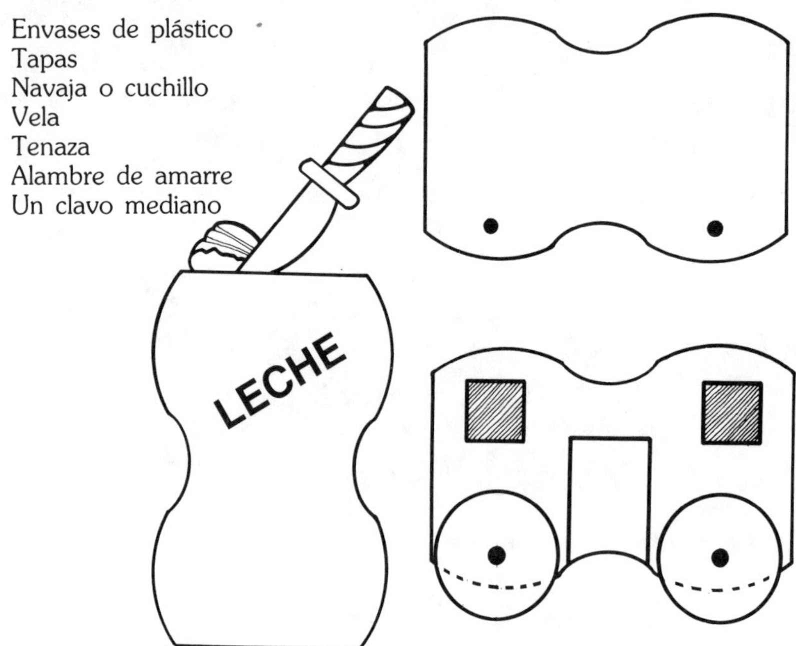

Procedimiento

1. Con el cuchillo y el fuego de una vela, vaya quemando la parte de arriba del envase plástico por donde sale el líquido o contenido del mismo.
2. Lleve el clavo al fuego sostenido con una tenaza para luego, con el clavo caliente, hacer cuatro orificios a los costados del envase plástico por donde pueda introducir el alambre.
3. Hágales un orificio en el centro a las tapas para introducir el alambre. Luego, asegure el alambre en las tapas, así las ruedas no se salen.
4. Dibuje la puerta y ventanas del camioncito según su imaginación.

¡OJO! Limpie bien los envases antes de usarlos.

Sugerencia
● Si este trabajo lo realiza un niño, tiene que ser con la ayuda de una persona mayor.

Figuras de corcho

Técnica

Con corchos, palitos, alambres y un poco de fantasía, se forman lindas y atractivas figuras.

Materiales

Corchos
Palitos de picole (helados)
Palitos mondadientes (picadientes)
Alambre
Tijeras
Marcadores (rotuladores)

Procedimiento

1. Coloque un palito en el centro del lado más ancho de un corcho pequeño. Introduzca el otro extremo del palito en el centro de la parte angosta de un corcho más grande. Así obtendrá la cabeza y el cuerpo de un muñeco.
2. En la parte inferior del "cuerpo", coloque dos palitos separados. Estos servirán de piernas, y en la parte superior a los lados, coloque otros dos para los brazos.
3. Por último, con marcadores (rotuladores) u otra pintura, diseñe el rostro y de esta manera obtendrá una linda figura.

Sugerencias

● Cortando un aro de cartón puede ponérsele un sombrero al muñeco.
● Para hacer un animalito, sólo añádale la cola y cuello de alambre.

Aldea de cilindros

Técnica

Para formar este tipo de aldea se necesitan los cilindros de los rollos de papel higiénico o de cohetes, y otros materiales que se indican.

Materiales

Cilindros de cartón
Cartulina
Madera o cartón duro
Papel de colores
Portahuevos de cartón
Pegamento (cascola, carpicola)
Platillo u objeto redondo
Tijeras
Lápiz

Procedimiento

1. En la mesa o pupitre coloque la madera (o el cartón duro) y fórrela con papel de color verde.
2. Corte el papel de color y forre los cilindros pequeños; o haga los cilindros para las chozas de cartulina, de 20 cms. por 7 cms., juntando los dos lados laterales con goma. Píntelos o fórrelos con papel de colores y dibuje las puertas y ventanas.
3. Con la ayuda de un platillo o un compás, haga círculos en la cartulina (o en papel grueso) de 16 cms. de diámetro, y divídalos por la mitad. Déles forma de cono, uniendo las partes laterales con pegamento para formar los techos de las chozas.
4. Forre los cilindros largos (como los de papel higiénico). Con los brotes de los portahuevos, tape la parte superior de los cilindros de manera que queden como pilastras o postes de luz.
5. Forme la aldea a su gusto.

Sugerencia

● Adorne el patio según su imaginación.

Construcciones de papel maché

Técnica

Papier mache es una técnica francesa que se hace pegando capas de papel sobre una armazón, o haciendo masilla de papel picado y remojado (también conocido como papel maché).

Materiales

Para armazón
  Globos
  Diarios (periódicos) viejos
Para pegar
  Pegamento (cascola) o engrudo
Para forrar la armazón
  Papel higiénico o periódico (diarios)
Para decorar
  Pintura o papel crepé

PIÑATAS CON GLOBOS

Procedimiento
1. Corte con los dedos el papel en tiras.
2. Infle el globo y amárrelo con una tira larga de hilo grueso para colgar.
3. Comience a colocar el papel mojado con el pegamento (cascola) o engrudo y vaya cubriendo todo el globo. Déjelo secar bien.
4. Haga un agujero en la parte inferior para poder rellenar la piñata. Luego, tápelo con papel.
5. Por último, decore la piñata con papel crepé en la forma que más guste, o sólo píntela.

Sugerencia

● Esta técnica también se presta para hacer alcancías, figuras para exposición, etc.

CONSTRUCCION DE ROLLOS DE PAPEL

Materiales
Rollos de papel (cilindros)
Periódicos (diarios)
Pegamento (cascola)
Papel crepé
Pintura témpera
Pincel

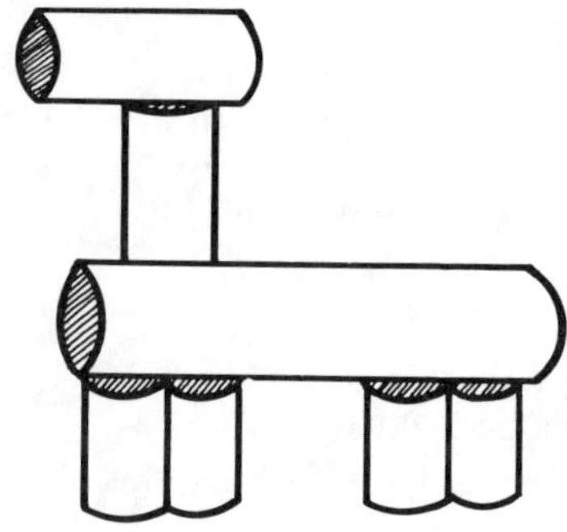

Procedimiento

1. Forme una armazón de cilindros de cartón o diarios enrrollados como para hacer el cuerpo de un animal o una muñeca. Fije bien las cabezas, piernas, brazos, etc.
2. Cubra esta armazón con una buena capa de tiras de papel y pegamento o engrudo, como en el procedimiento para la piñata.
3. Deje secar bien antes de decorar con papel crepé o pintura.

MARACAS DE PAPIER MACHE

Materiales
Focos de luz usados
Papel
Pegamento (cascola) o engrudo
Pintura
Pincel

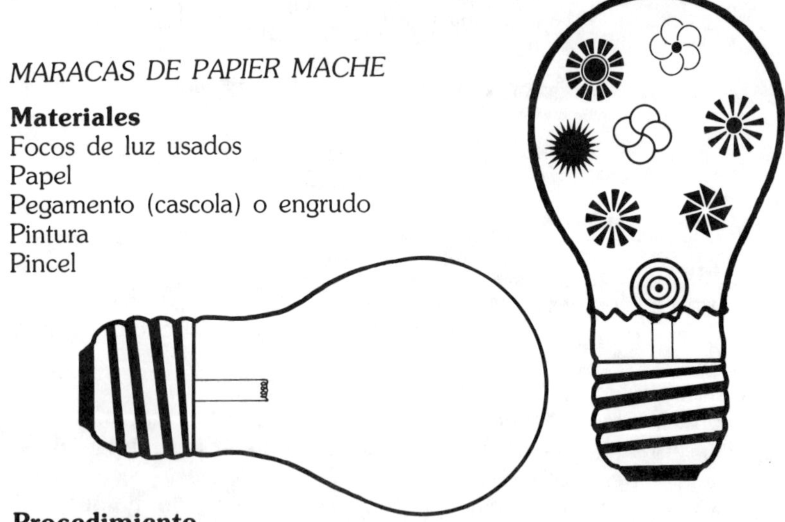

Procedimiento

1. Pegue tiras de papel sobre un foco que ya no sirve, hasta tener una capa algo gruesa.
2. Una vez seco, píntelo con colores vivos.
3. Quiebre el vidrio de adentro con un golpecito y los pedazos quedan adentro para hacer el ruido.

8. Hilos y telas

Hilo sobre papel

Técnica

Un diseño que se forma pegando estambre o hilo grueso de colores en
una cartulina de color.

Materiales

Estambre o hilo de color
Pegamento (cascola, carpicola)
Cartulina
Lápiz negro
Tijeras

Procedimiento

1. Coloque la cartulina sobre la mesa y con el lápiz comience a dibujar
   lo que tiene planeado, o que desea improvisar.
2. Con el pegamento (cascola), pase por las líneas y comience a pegar
   el estambre o hilo, teniendo cuidado que el pegamento no se seque
   antes de terminar su trabajo.

Sugerencia

● Se pueden cortar figuras de cartón y pegar estambre en los dos
   lados para adornos de Navidad o móviles. Las combinaciones se
   pueden hacer empezando con negro o color oscuro desde el borde
   y llenando el espacio con colores bajos (suaves).

Telares

Técnica

El telar es otra de las expresiones artísticas de los pueblos antiguos. Podemos hacer telares de papel con recortes, clavos en madera, agujeros en tapas de plástico o hilos entre dos palos.

TELARES CON CLAVOS

Materiales

Madera
Clavitos
Estambre o hilo
Aguja grande

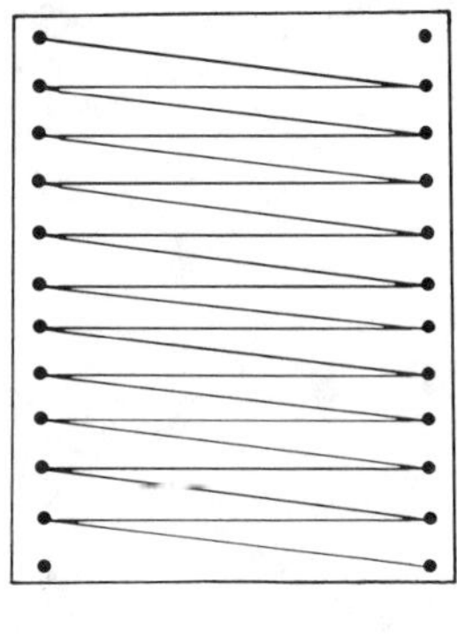

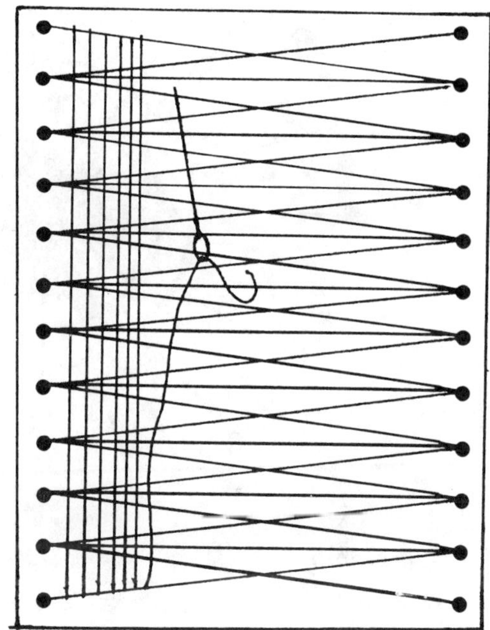

Procedimiento

1. Arme su telar utilizando un cuadro de madera, con clavitos puestos en líneas a ambos lados y a un centímetro de distancia.
2. Coloque el hilo horizontal y en forma de zigzag hasta llenar el cuadro.
3. Con la aguja enhebrada con estambre o hilo, vaya pasando en forma vertical y alternada (encima y por debajo) de cada hilera hasta llenar el espacio.

   ¡OJO! Con experiencia se pueden ejecutar diferentes efectos, como rayas de colores variados o hilo brillante (satín), que se produce pasando dos veces por arriba y una vez por debajo alternando las hileras.

TELAR REDONDO

Materiales

Tapas o platos de plástico
Hilo o estambre
Agua

Procedimiento

1. Con la aguja, perfore una tapa de plástico o un plato desechable con
   un número impar de agujeros (por ejemplo, 37) alrededor, y un
   agujero más grande en el centro.

2. Enhebre una aguja con estambre y vaya pasándola del centro hasta
   los agujeros en la orilla, y de esta manera se va llenando todo el
   espacio.

3. Después, empiece en el medio tejiendo con hilo o estambre de
   colores (en forma circular), abajo y arriba de las líneas radiales,
   alternando cada rueda por el medio para que el telado quede
   tupido.

   ¡OJO! La combinación de colores determina la belleza de esta
   técnica.

Sugerencia

● Añadiendo unas perlitas o botones, el adorno sale aún más bonito.

74

TEJIDOS CON PAPEL

Materiales

Papel de colores
Tijeras
Navaja
Tabla de madera
Pegamento (cascola)

Procedimiento

1. En uno de los papeles, a 1 cm. de la orilla, trace rayas paralelas a 1 cm. de distancia.
2. Sobre una tabla, recorte las rayas cuidadosamente con una navaja pero sin cortar el papel hasta abajo.
3. Del otro papel, corte tiras de 1 cm. de ancho.
4. Ahora, vaya tejiendo las tiras pasándolas de un lado a otro, arriba y abajo, alternando cada hilera.
5. Pegue las orillas sueltas (abajo y arriba) para dejar fijo el tejido.

Sugerencia

● Con papel de colores se pueden hacer diseños lindos combinando los colores o cortando las rayas en forma de zigzag.

Materiales

Dos palos de 20 a 30 cms.
Hilo de diferentes colores

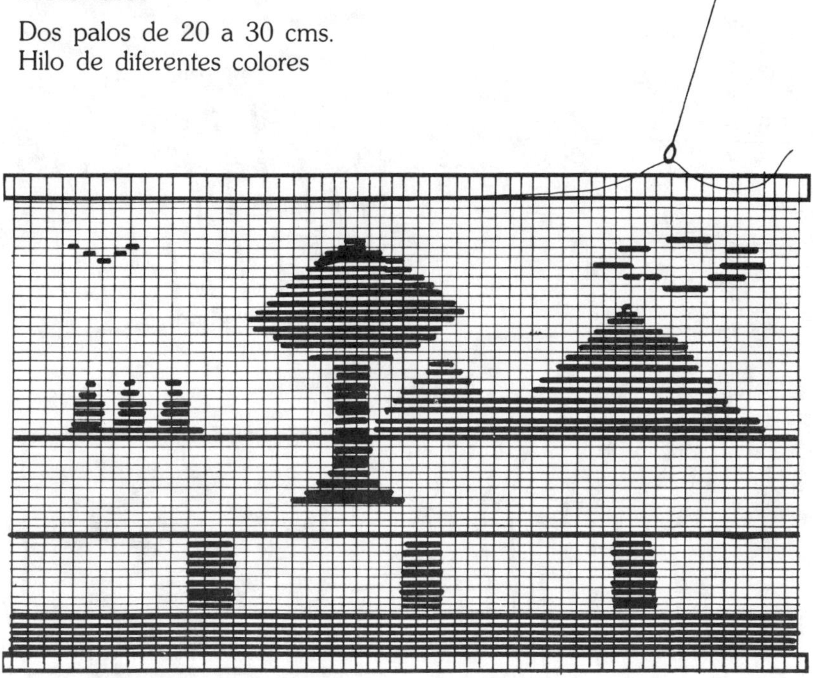

Procedimiento

1. Fije los dos palos separados a una distancia de 40 a 50 cms.
2. Con hilo largo, vaya pasando el hilo verticalmente, a una distancia de 1 cm., hasta llenar el espacio. Déle vuelta al hilo alrededor de los palos (arriba y abajo) para que no se suelte.
3. Ahora, puede tejer en líneas horizontales formando una tela de rayas de varios colores. Si quiere puede añadir objetos pequeños como plumas, perlitas, etc.

   ¡OJO! Un borrador dibujado de antemano en papel cuadriculado ayuda como guía.

Sugerencias

● Con un poco de cuidado se pueden formar dibujos de personas, animales, cosas y paisajes.
● Cuadros para adornar la pared.
● Banderines con lemas para el salón.

Bordado sobre arpillera

Técnica

Labor de relieve efectuado en arpillera (cañamazo), con agujas de diversos tamaños, puntos diferentes y colores variados.

Materiales

Arpillera (cañamazo)
   o bolsas sintéticas
Aguja
Hilos
Lápiz

Procedimiento

1. Haga el diseño con lápiz.
2. Coloque el hilo en la aguja y haga un nudo al final de las puntas.
3. Comience a bordar el diseño que ha dibujado en la arpillera (cañamazo). Se puede hacer con punto cadena, hilván, tallo, nudo, cruz, etc.

Sugerencia

● Esta técnica se presta para hacer billeteras, carteras, monederos o cuadros para adornos.

Ojos de Dios

Técnica

Tejiendo estambre de varios colores alrededor de palitos se pueden hacer adornos para la pared. Con una buena combinación de colores quedan muy atractivos.

Materiales

Dos palitos del mismo tamaño
Estambre negro
Estambre de diferentes colores

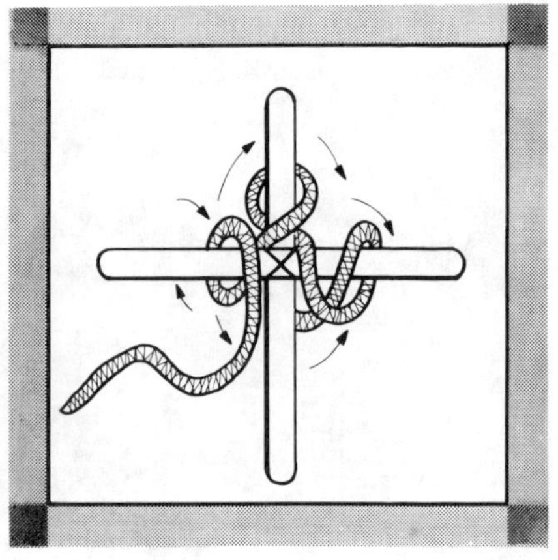

Procedimiento

1. Haga una cruz con los palos (de pícole, helado, u otro), asegurándolos con el estambre negro, cruzándolo en ambas direcciones.
2. Proceda envolviendo los palos con estambre negro empezando del frente, haciendo una curva y procediendo al próximo palo hasta dar toda la vuelta.
3. Después de una vuelta con estambre negro, cambie de color y siga hasta llenar los espacios entre los palitos, teniendo cuidado de dejar 1/2 cm. en las cuatro puntas de los palitos.
4. Al finalizar, asegure bien el último color.
5. Puede decorar las puntas con pompones que se hacen pasando el estambre alrededor de los dedos, amarrándola por el medio y luego cortándoles las puntas.

Sugerencia

● Haciendo esta técnica con palitos de mondadientes (picadientes), se hacen lindos colgantes móviles, adornos para arbolitos de Navidad, o cadenas para niñas.

9. Títeres, muñecos y disfraces

Títeres

Técnica

Los títeres son figuras que se manipulan con las manos. Hay títeres muy sofisticados como las marionetas que tienen hilos atados a los brazos, pies, cabeza, etc., y que son manipulados con los palitos de los cuales cuelgan los hilos. Acá nos interesa más presentar algunos modelos sencillos que sirven como ayudas didácticas, o simplemente como juguetes para las presentaciones.

TITERES DEDALES

Títeres de los dedos de guantes

Materiales

Guantes viejos
Tijeras
Hilo
Aguja

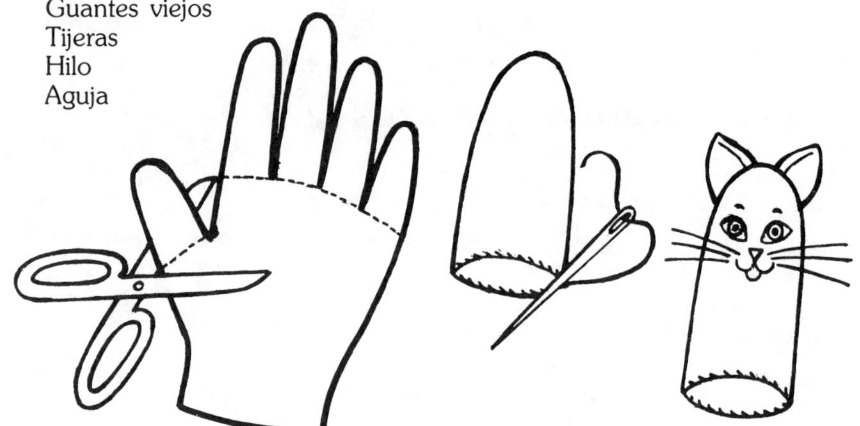

Procedimiento

1. Corte los dedos de los guantes. Con el hilo y la aguja asegure los puntos de la parte cortada para que no se deshile.
2. Decore los dedos colocándoles ojos, cabellos, orejas, etc.

   ¡OJO! Podrían fabricarse los dedos con retazos de tela trazando un patrón alrededor de los dedos. Al cortar, deje suficiente tela para la costura. Cosiendo dos veces, el "dedito" se refuerza.

Sugerencias

● Animalitos.
● Las figuras de un relato.

Títeres dedales de papel

Materiales

Papel fuerte
Lápices de cera
  de colores
Tijeras
Pegamento (cascola)

Procedimiento

1. Dibuje figuras en el papel.
2. Debajo de cada figura añada una tira de 1 1/2 cms. de ancho por 8 cms. de largo.
3. Pinte las figuras y recorte alrededor.
4. Junte las dos puntas de las tiras al tamaño de su dedo y péguelas.

Sugerencias

● Figuras para dramatizar un relato.
● Dedalitos para las rimas de los preescolares. Por ejemplo:
    "Pulgarcito, ¿dónde estás?
    Aquí estoy, aquí estoy.
    Gusto en saludarte, gusto en saludarte,
    Ya me voy, ya me voy."

Títeres de palito

Materiales

Palitos de madera
Cartoncillo
Papel bond
Lápices de cera de colores
Tijeras
Pegamento (cascola)

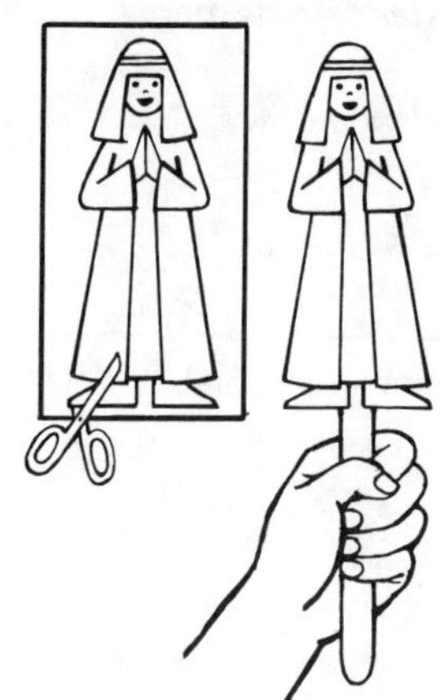

Procedimiento

1. Dibuje una figura sobre el papel. Píntela y recórtela.
2. Pegue la figura sobre un cartoncillo doblado.
3. Coloque un palito entre los dos lados del cartoncillo doblado dejando extender el palito abajo de la figura para poder manejarla.

Títeres de platos desechables

Materiales

Plato desechable
Lápices de cera de colores
Estambre
Tijeras
Palitos

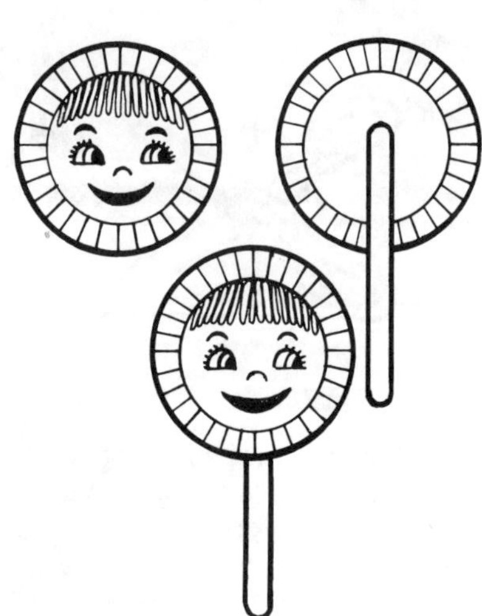

Procedimiento

1. Dibuje una cara sobre el plato y píntela.
2. Corte trozos de estambre y péguelos para que sirvan de cabello.
3. Pegue el palito en la parte de atrás del plato.

Sugerencias

● Los títeres ayudan para contar una historia.
● Los títeres ayudan al niño tímido a expresar sus sentimientos.

Títeres de medias

Materiales

Medias viejas
Tijeras
Hilo
Aguja
Retazos de tela
Estambre
Botones

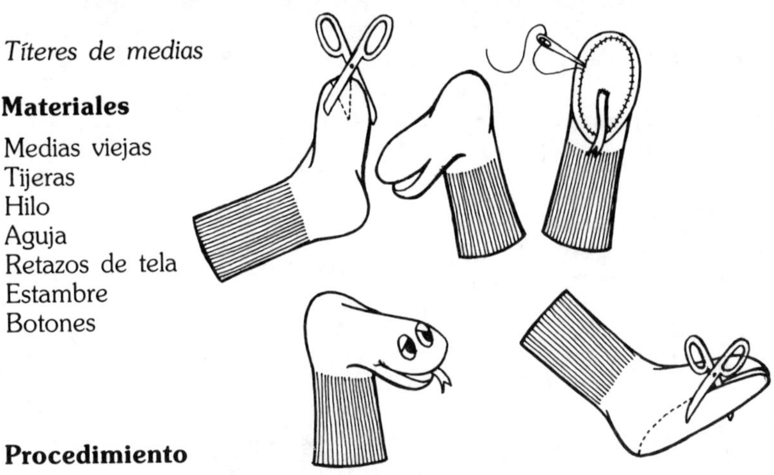

Procedimiento

1. Corte la boca del títere haciendo un recorte de unos 6 cms. de ancho por 4 cms. de profundidad.
2. Corte un óvalo de 12 cms. por 4 cms. y una lengua en forma de "U" de 8 cms.
3. Cosa el óvalo en el recorte de la media y coloque la lengua en medio.
4. Termine su creación poniéndole ojos de botones, bigotes y cabello.

   ¡OJO! Podemos inventar una variedad de animales u otras figuras.

Títeres de tela

Materiales

Retazos de tela
Tijeras
Hilo
Aguja

Procedimiento

1. Corte un modelo en forma de una media con el tamaño de la mano en que va a utilizar el títere. Corte y cosa.
2. Termine el títere en la misma forma que el modelo de arriba.

LA CABEZA: (Una pelotita de plástico u otro material con un hueco para el dedo.)

Materiales

Pelotita de plástico o de
  plastoform (goma espuma)
Tela para forrar
  (jersey sirve mejor)
Tijeras
Hilo
Aguja
Marcadores (rotuladores)
Estambre

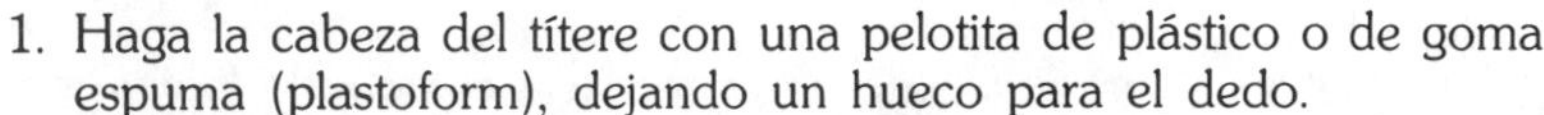

Procedimiento

1. Haga la cabeza del títere con una pelotita de plástico o de goma espuma (plastoform), dejando un hueco para el dedo.
2. Corte un círculo de la tela con un diámetro tres veces más grande que la pelota. (Una pelota de 6 cms. necesita un círculo de 18 cms. de diámetro.)
3. Haga una costura de 3 cms. del borde del círculo. Ponga la pelota en medio y junte el hilo forrando la pelota, pero dejando lugar para meter el dedo.
4. Termine la cara con marcadores (rotuladores) y póngale pelo al títere utilizando el estambre.

EL CUERPO: (Un vestido o traje de tela.)

Materiales

Retazos de tela
Tijeras
Hilo
Aguja

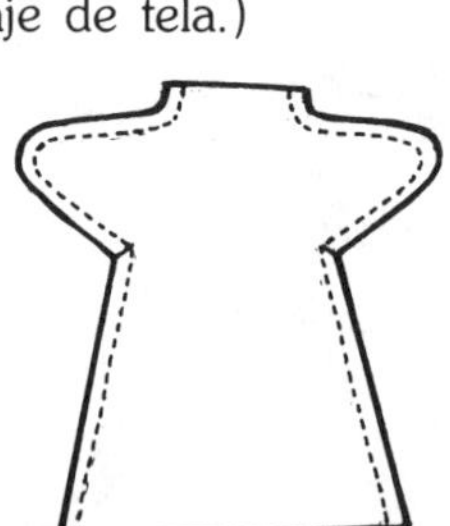

Procedimiento

1. Corte "el cuerpo" del títere según la ilustración.
2. Cosa por el revés, dejando el cuello abierto.
3. Dé vuelta al vestido y coloque "la cabeza" forrada.

Muñecos

Técnica

Muñecos hechos de diferentes materiales y modelos, son útiles para presentaciones, adornos y, por supuesto, para juguetes.

MUÑECOS DE MEDIAS
(Medias viejas, cortadas, cosidas, rellenadas y adornadas.)

Materiales

Medias
Tijeras
Hilo
Aguja
Estambre
Relleno (algodón, espuma, trapos)
Decoraciones (botones, etc.)

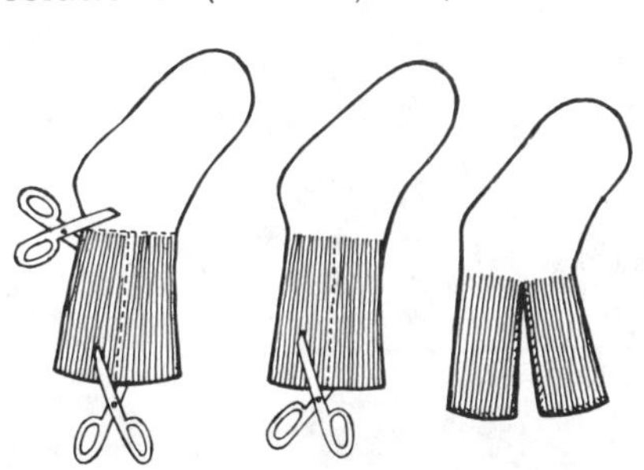

Procedimiento

1. Haga un recorte de unos 7 cms. hacia abajo en el elástico de una media. Cierre el corte formando el cuerpo y las piernas, y rellene la media.
2. Haga una costura alrededor del pie (8 cms. de la punta). Tire del hilo y fíjelo para formar la cabeza.
3. De la otra media, corte 7 cms. (del elástico hacia abajo) para formar los brazos del muñeco. Divida el elástico en dos. Cierre y rellene.
4. Pegue los brazos al cuerpo del muñeco.
5. Ahora, déjese guiar por la imaginación. Decore la cara del muñeco y póngale cabello de estambre a la cabeza.

¡OJO! Con retazos de tela se puede hacer ropa para los muñecos.

Sugerencia

● La misma idea sirve para hacer animales, poniéndoles orejas y cola.

MUÑECOS DE UNA MADEJA DE LANA

Materiales

Una madeja de estambre (unos 20 cms.)
Tijeras
Aguja para estambre
Botones y cinta

Procedimiento

1. Haga una bolita en una punta de la madeja de estambre, para formar la cabeza del muñeco.
2. Corte la parte de abajo de la madeja.
3. Separe una cuarta parte de las hebras del estambre, cortando unos 10 cms. Trence en dos partes para formar los brazos del muñeco.
4. Junte el resto de la madeja hasta abajo del cuerpo (unos 5 cms.), y divida en dos partes iguales lo que sobra para formar las dos piernas.
5. Trence las piernas cerrando bien las puntas.
6. Adorne el muñeco con botones y cintas.

¡OJO! Se puede hacer una madeja usando una tabla para estirar el estambre. Forre la tabla con el estambre según el tamaño de madeja que desee, después corte la parte de abajo.

Sugerencia

● Haciendo un ovillo de estambre y fijando hebras para trenzar se forma una cabeza de muñeca o un pulpo.

MUÑECOS DE ESTAMBRE
(Muñecos con alambre doblado y forrado con estambre.)

Materiales

Alambre de amarre
Tenazas
Estambre de colores
Tijeras

Procedimiento

1. Corte dos tiras de alambre de unos 30 cms. cada una. Luego, tréncelas.
2. Doble el alambre por la mitad, pero deje en la parte de arriba un círculo de unos 3 cms. de diámetro para la cabeza. Después, trence el alambre formando el cuerpo (unos 8 cms.). Deje unos 4 cms. de cada lado para formar las piernas.
3. Corte otro alambre de unos 12 cms. Dóblelo por la mitad y tréncelo hasta llegar a la mitad. Ahora, júntelo con el cuerpo en la parte de arriba (horizontalmente). Una vez fijo el brazo con el cuerpo, siga trenzando hasta llegar a formar el otro brazo. Cierre la trenza.
4. Forre la armazón con estambre de colores.

Sugerencias

● Muñecos de estambre hacen lindos adornos en móviles o arbolitos de Navidad.
● Estos muñecos con armazón de alambre se prestan para hacer presentaciones tridimensionales.

Disfraces

Técnica

Un disfraz convierte una bolsa o una sábana vieja en algo útil, y con una máscara o maquillaje transforma el rostro en risueño o triste, en cómico o pavoroso.

Materiales

Bolsa de tela o papel
  periódico (sábana)
Tijeras
Hilo
Aguja
Pintura
Pinceles
Diarios (periódicos) viejos

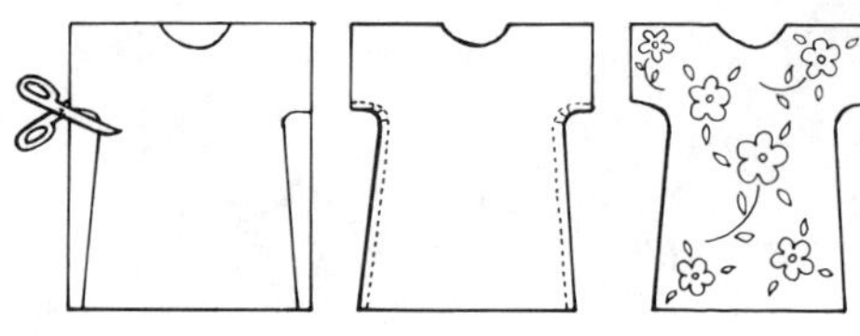

Procedimiento

1. Coloque la bolsa o tela sobre la mesa y diseñe una túnica holgada. Corte dejando 1 cm. de borde para la costura.
2. Con papel de diario abajo de la tela, vaya pintando un dibujo alegre (o según lo desee).
3. Cuando esté bien seco el diseño, déle vuelta a los dos lados y cosa al revés.

MAQUILLAJE

Materiales

Crema de manos
Pinturas
Crema (pasta) dental
Lápiz de cejas y labios

Procedimiento

Coloque un pañuelo sobre la cabeza de la persona que va a maquillar y con los materiales sugeridos vaya cubriendo la cara con fantasías.

¡OJO! ¡Un sombrero pone el toque final!

Presentaciones

Presentaciones

Técnica

El arreglo atractivo de una exposición de los trabajos de los niños demuestra el valor de sus creaciones y les motiva a continuar. Las representaciones visuales de un tema o de una historia bíblica siguen grabándose al mirar un mural o un banderín en la pared. Así las presentaciones tienen su valor educativo al mismo tiempo que decoran el salón.

Para su mejor provecho, dejemos que los niños ayuden en la exposición de los trabajos. Con unas indicaciones sencillas ellos preparan las letras, eligen los trabajos y buscan la manera de arreglarlos para llamar la atención. Acá ofrecemos unas ideas para facilitar la tarea de preparar presentaciones visuales que podrían ser preparadas por el grupo o individualmente.

BANDERINES

De tela

De cartón

CUADROS DE AFICHE

Arreglos
horizontales

Arreglos
verticales

Balance
informal

Balance
formal

MARCOS

Formas

Cuadrado

Vertical

Horizontal

TECNICAS

Tela rellena

Palitos

Cartón

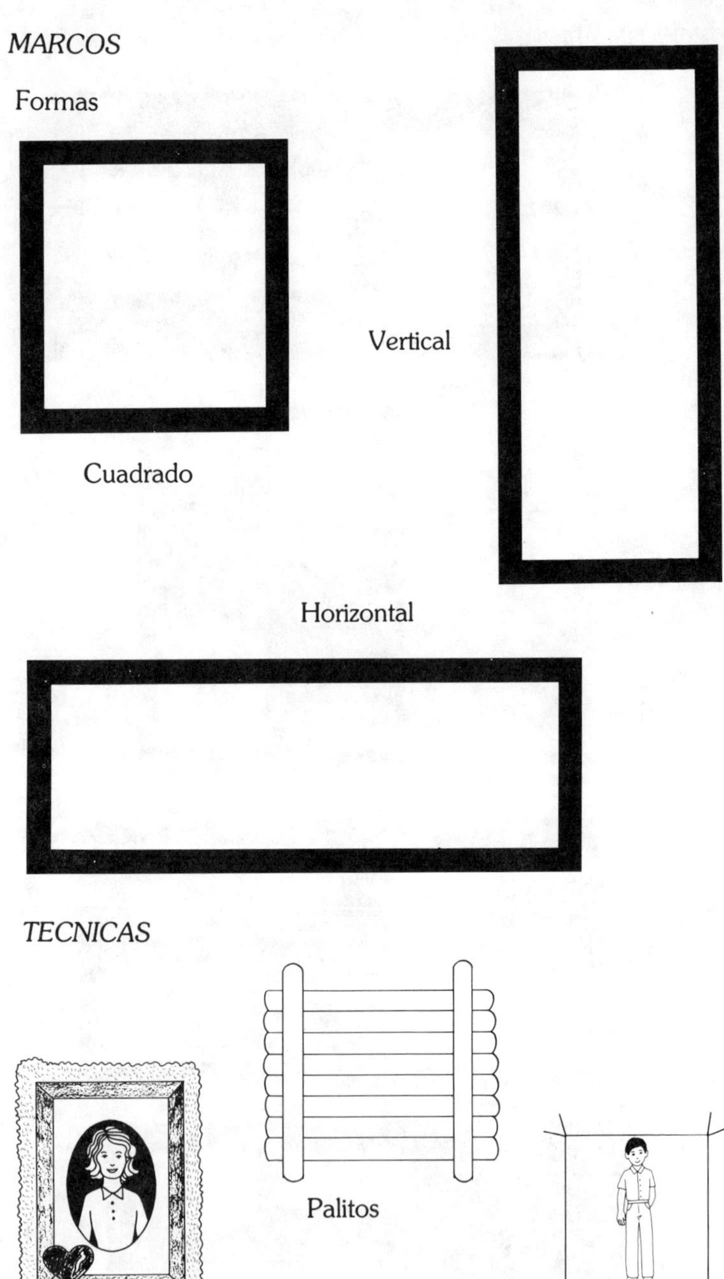

Variaciones

Letras de imprenta

GMOQW

anchas

EFIJLT

angostas

Letras cortadas

MESAS

Con arena

Sugerencia

● Aldea de Palestina con casas dobladas, animales parados y ramitas para representar los árboles.

De exposición

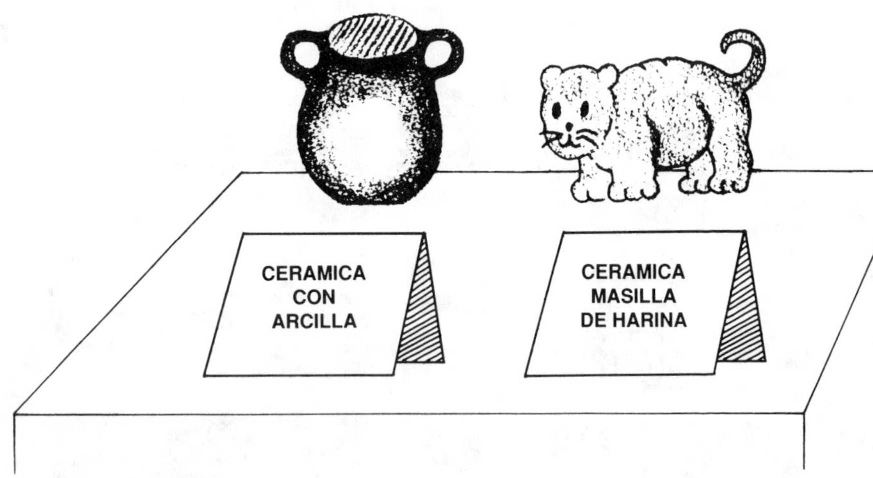

Sugerencia

● Exposición de trabajos tridimensionales como esculturas y construcciones.

94

MAPAS

Mapas de tamaño aumentado:

Para aumentar el tamaño de un mapa (o dibujo), se trazan con lápiz cuadros en el mapa original. Luego se marca el papel o la tela grande con la misma cantidad de cuadros, pero más grandes. Se dibuja el mapa grande, cuadro por cuadro, guiándose por las líneas del cuadro original.

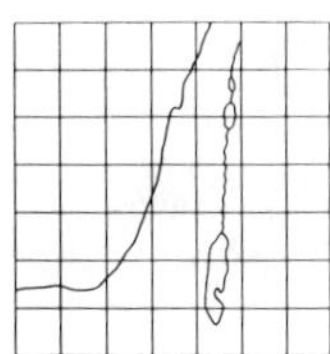

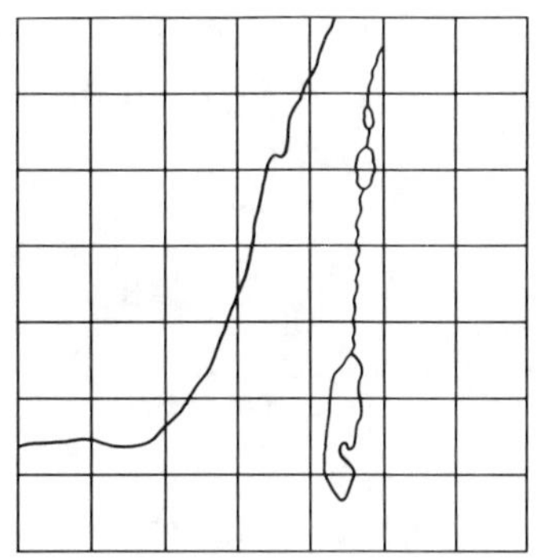

Mapas en relieve:

Después de dibujar el contorno del mapa en un cartón, se cubren las partes "de tierra" con la pasta que se indica más abajo. Montañas, desiertos, mares, etc., se forman con los dedos antes que se endurezca la pasta. Se pinta con témpera mojada en agua.

Pasta para mapas: 3 tazas de sal común.
1 taza de harina.
1/4 taza de agua (o la cantidad que necesite para hacer una pasta gruesa).
—Alcanza para un mapa grande.—

Mapas en el piso:

Se dibuja un mapa en el piso con tiza, o en el pasto con un palito, suficientemente grande como para que los niños sigan el viaje de acuerdo con el relato —por ejemplo: "Israel sale de Egipto." Telas y alfombras sirven de lagos y ríos. Carteles con nombres de ciudades marcan el camino.

Apéndice

Recetas

MASA PARA MODELAR

Hierva: 1½ taza de agua.
        ½ taza de sal.

Añada: 2 cucharadas de aceite de cocina.
        2 cucharadas de polvo de alumbre.
        Gotas de colorantes de pastelería, al gusto.

Vuelque la mezcla sobre 2½ tazas de harina y amase bien. (Puede necesitar un poco más de harina.) Conserve la masa en una bolsa plástica o en una lata bien cerrada.

MASA PARA ESCULTURA

Hierva: 3 tazas de agua.
        1 taza de sal.

Añada: ½ taza de harina.
        ½ taza de maizena.
        ½ taza de agua.

Hierva los ingredientes hasta que la pasta se ponga transparente. Deje enfriar y añada unas 6 tazas de harina. Amase bien. Haga su escultura y déjela secar. (Tenga a mano un poco de harina porque la masa es pegajosa.)

COLA DE PEGAR

Mezcle bien: 2 tazas de harina.
            2 tazas de agua fría.
            1 cucharada de polvo de alumbre.

Añada: 1 taza de agua hirviendo.
        1 cucharita de aceite y clavo de olor.

Cocine hasta que la pasta espese y tenga color gris. Consérvela en frascos bien cerrados.

PINTURA DE DEDOS

Hierva: 1 taza de agua.
        5 cucharitas de maizena (al ras).
        1 cucharita de jabón detergente.

Añada: Color con pintura témpera.

Se moja un papel fuerte con agua y se da a cada niño un poco de la pintura ya fría.